बाबा फरीद

कवर :
बाबा फरीद का रूहानी चित्र।

संपादक : डॉ. नामवर सिंह

शृंखला संपादक : डॉ. मोहिन्द्र सिंह

संपादन सहयोग : नरेश 'नदीम'
ज. स. आनंद
डॉ. अवतार सिंह

कवर डिज़ाइन : दुष्यन्त पाराशर

बाबा फरीद

संपादक
नामवर सिंह

नेशनल इंस्टीट्यूट आफ पंजाब स्टॅडीज़

नेशनल इंस्टीट्यूट आफ पंजाब स्टॅडीज़ के सहयोग से प्रकाशित

अनामिका पब्लिशर्स एंड डिस्ट्रीब्यूटर्स (प्रा.) लिमिटेड
4697/3, 21-ए, अंसारी रोड, दरियागंज, नई दिल्ली 110002
फोन : 011-23281655, 011-43708938
E-mail: anamikapublishers@yahoo.co.in

संस्करण : 2024

आई.एस.बी.एन. 978-81-7975-048-3

मूल्य : ₹ 200

भारत में मुद्रित

अनामिका पब्लिशर्स एंड डिस्ट्रीब्यूटर्स (प्रा.) लिमिटेड, 4697/3, 21-ए, अंसारी रोड, दरियागंज, नई दिल्ली 110002 द्वारा प्रकाशित। शेवानी कम्प्यूटर्स, दिल्ली 110093 द्वारा शब्दांकित एवं विकास कंप्यूटर एंड प्रिंटर्स, ट्रॉनिका सिटी, गाजियाबाद में मुद्रित।

प्राक्कथन

नेशनल इंस्टीट्यूट आफ पंजाब स्टडीज की स्थापना 1990 में पंजाबी जीवन की सजीवता तथा साहित्य को उन्नत करने के पहलू से की गई थी। कुछ समय उपरांत पंजाब यूनिवर्सिटी, चंडीगढ़ द्वारा इसको उच्चतर शिक्षा के सेंटर की मान्यता दे दी गई। शोध के अतिरिक्त इंस्टीट्यूट लेक्चरों, सेमिनारों और कॉन्फ्रेंसों का आयोजन भी करता है। कुछ कॉन्फ्रेंसों का आयोजन मल्टीकल्चरल एजुकेशन विभाग, लंदन यूनिवर्सिटी, साउथ एशियन स्टडीज विभाग, मिशीगन यूनिवर्सिटी और सेंटर फार ग्लोबल स्टडीज, कैलिफोर्निया यूनिवर्सिटी, सेंटा बारबरा के सहयोग से किया गया है। स्वतंत्रता के पचास वर्ष के अवसर पर इंस्टीट्यूट ने 1999 में इंडिया इंटरनेशनल सेंटर, नई दिल्ली के सहयोग से एक अंतर्राष्ट्रीय सेमिनार 'बँटवारा तथा अतीतदर्शी' का आयोजन किया। महाराजा रणजीत सिंह पर एक राष्ट्रीय सेमिनार का आयोजन दिसंबर 2001 में किया गया।

1999 में खालसा पंथ के स्थापना की तीसरी शताब्दी पर्व के अवसर पर इस संस्थान ने एक बड़ी योजना शुरू की जिसके अंतर्गत खोज टीम ने निर्देशक के नेतृत्व में भारत, पाकिस्तान तथा इंग्लैंड आदि देशों में घूम-घूमकर सिख स्मृति चिह्नों की एक सूची तैयार की। ये चिह्न सिख गुरुओं व अन्य ऐतिहासिक व्यक्तियों से संबंधित हैं जिन्होंने खालसा पंथ को सही रूप से चलाने में सराहनीय योगदान दिया है।

हमारी खोज की उपलब्धियों को आम लोगों तक पहुँचाने के लिए और उन अनमोल वस्तुओं को सँभालने के प्रति जागृति पैदा करने हेतु इंस्टीट्यूट द्वारा चार सचित्र पुस्तकें *गोल्डन टेंपल, आनंदपुर, हेमकुंट* तथा *महाराजा रणजीत सिंह* पंजाब हेरिटेज सीरीज के अंतर्गत प्रकाशित की गईं। इन पुस्तकों का पिछले साल गुरु नानक देव जयंती पर राष्ट्रपति भवन में विमोचन किया गया।

दूसरे पड़ाव में इंस्टीट्यूट ने पंजाबी परंपरागत साहित्य पर आधारित पुस्तकें—*हीर, सोहणी महींवाल, बुल्लेशाह की काफियाँ* तथा *बाबा फरीद*—को देवनागरी लिपि में प्रकाशित किया है ताकि वह जनसमूह जो पंजाबी भाषा से परिचित नहीं है, पंजाब के इस धरोहर से परिचित हो सके। इसके अतिरिक्त पंजाब के इतिहास और संस्कृति पर अनमोल मूल साहित्य का अनुवाद भी कराया जा रहा है।

नेशनल इंस्टीट्यूट आफ पंजाब स्टडीज इस समूचे कार्य की संपूर्णता तथा प्रकाशन के लिए संस्कृति विभाग, भारत सरकार तथा राष्ट्रीय राजधानी दिल्ली सरकार की वित्तीय सहायता के प्रति आभार प्रकट करता है। इंस्टीट्यूट की कार्यकारी समिति तथा स्टाफ के सक्रिय सहयोग के बिना इन पुस्तकों का प्रकाशन संभव नहीं था जिसके लिए मैं उनका भी आभारी हूँ।

नेशनल इंस्टीट्यूट आफ पंजाब स्टडीज
भाई वीर सिंह साहित्य सदन
नई दिल्ली–110 001

मनमोहन सिंह
अध्यक्ष

पंजाब की सांझी विरासत का स्वागत

बाबा फरीद के सलोक, बुल्ले शाह की काफियाँ, वारिस शाह की हीर और फजल शाह का किस्सा सोहणी-महींवाल ये सब पंजाबी साहित्य की अत्यंत लोकप्रिय और कालजयी कृतियाँ हैं। पंजाब के इन मुसलमान सूफी संतों ने दिव्य प्रेम की ऐसी धारा प्रवाहित की जिससे संपूर्ण लोकमानस रस से सराबोर हो उठा और इसी के साथ एक ऐसी सांझी संस्कृति भी विकसित हुई जिसकी लहरों से मजहबी भेद-भाव की सभी खाइयाँ पट गईं।

पंजाबी साहित्य की यह बहुमूल्य विरासत एक तरह से संपूर्ण भारतीय साहित्य की भी अनमोल निधि है। लेकिन बहुत कुछ लिपि के अपरिचय और कुछ-कुछ भाषा की कठिनाई के कारण पंजाब के बाहर का बृहत्तर समाज इस धरोहर के उपयोग से वंचित रहता आया है। वैसे, इस अवरोध को तोड़ने की दिशा में इक्के-दुक्के प्रयास पहले भी हुए हैं। उदाहरण के लिए कुछ समय पहले प्रोफेसर हरभजन सिंह शेख फरीद और बुल्ले शाह की रचनाओं को हिंदी अनुवाद के साथ नागरी लिपि में सुलभ कराने का स्तुत्य प्रयास कर चुके हैं। संभव है, इस प्रकार के कुछ और काम भी हुए हों।

लेकिन वारिस शाह की हीर और फजल शाह का किस्सा सोहणी-महींवाल तो, मेरी जानकारी में, हिंदी में पहले-पहल अब आ रहे हैं और कहना न होगा कि इस महत्वपूर्ण कार्य का श्रेय नेशनल इंस्टीट्यूट आफ पंजाब स्टडीज को है। ये चारों पुस्तकें 'पंजाब हेरीटेज सीरीज' के अंतर्गत एक बड़ी योजना के साथ तैयार की गई हैं। मुझे इस योजना से परिचित करवाने और फिर एक प्रकार से संयुक्त करने की कृपा मेरे आदरणीय शुभचिंतक प्रोफेसर अमरीक सिंह ने की है और इसके लिए मैं उनका आभार मानता हूँ।

सच पूछिए तो आज हिंदी में हीर को देखकर मुझे फिराक साहिब का वह शे'र बरबस याद आता है :

दिल का इक काम जो बरसों से पड़ा रक्खा है
तुम ज़रा हाथ लगा दो तो हुआ रक्खा है।

हीर को हिंदी में लाना सचमुच दिल का ही काम है और ऐसे काम को अंजाम देने के लिए दिल भी बड़ा चाहिए। पंजाब भारत का वह बड़ा दिल है–इसे कौन नहीं जानता! फरीद, बुल्ले शाह, वारिस शाह, फजल शाह–ये सभी उसी दिल के टुकड़े हैं। आज हिंदी में इन अनमोल टुकड़ों को एक जगह जमा करने का काम जिस 'हाथ' ने किया है उसका नाम है 'नेशनल इंस्टीट्यूट आफ पंजाब स्टडीज'! इस संस्थान ने सचमुच ही आज अपना हक अदा कर दिया। मेरा भी उसे सत श्री अकाल।

(नामवर सिंह)

27-11-2002

परिचय

नेशनल इंस्टीट्यूट आफ पंजाब स्टडीज की तरफ से शेख फरीदुद्दीन मसऊद गंजशकर की शिक्षाओं पर एक किताब का प्रकाशन उन प्रशंसनीय कार्यों में से एक है जिन्हें यह सम्मानित संस्था एक अरसे से करती आ रही है। बाबा जी का कलाम हमारी सांझी लोक-चेतना की महान और पुरानी धरोहर है जबकि उनकी शिक्षाएँ सारी मानव जाति के लिए मशाले-राह हैं।

बाबा फरीद ने सच्चाई की तलाश के सफर में इनसानी जिंदगी के लिए श्रेष्ठ जीवन-मूल्यों की निशानदेही की और लोगों के बीच रहते हुए उन सच्चाइयों के अनुसार जिंदगी गुजारकर एक व्यावहारिक उदाहरण पेश किया। आपने अपनी तालीमात के जरिए इनसान-दोस्ती, रवादारी और बराबरी का उपदेश दिया। आपकी शिक्षाओं का केंद्र मनुष्य था। आपने इनसान को संबोधित किया ताकि उसके दुख-दर्द में शरीक होकर मुक्ति, शांति और कल्याण का रास्ता तलाश किया जा सके। बाबा जी जिंदगी को बा-मकसद बनाना चाहते थे और मानव को सम्मान का स्थान देने का भूला हुआ सबक याद दिलाना चाहते थे। उनकी कोशिश थी कि इस धरती पर एक संतुलित समाज की स्थापना हो।

बाबा फरीद ने पाक पटन में आज से आठ सदियाँ पहले एक जमातखाना कायम किया था। उन्होंने इस संस्था का नाम ही जमात (समष्टि) के हवाले से रखा। यह एक अवामी संस्था थी जहाँ चरित्र-निर्माण का काम होता था। यह एक आवासी विश्वविद्यालय भी था। यहाँ अपने हाथों किए गए काम की महानता का पाठ पढ़ाया जाता था। यह उपमहाद्वीप की एकमात्र ऐसी संस्था थी जहाँ भिन्न-भिन्न सभ्यताओं और संस्कृतियों के प्रतिनिधि जमा होकर विचारों का आदान-प्रदान करते थे। हर मसलक (पंथ), रंग, नस्ल, जबान, कबीला और मजहब के लोग यहाँ बेरोक-टोक आते और इस तरह भाईचारे और आपसी सहायता की रवायत कायम होती।

मैं बाबा फरीद की दरगाह के सज्जादानशीन की हैसियत से नेशनल इंस्टीट्यूट आफ पंजाब स्टडीज का शुक्रगुजार हूँ कि वह बीच-बीच में बाबा जी की तालीमात को फैलाने का पवित्र कार्य करता रहता है। बाबा जी के कलाम को बाबा गुरु नानक ने ही सँभालकर दुनिया के सुपुर्द किया था, और आप इस शानदार कारनामे के अच्छे वारिस साबित हो रहे हैं। यह मेरे लिए सम्मान की बात है कि मुझे बाबा जी के हवाले से इस किताब पर दो शब्द लिखने का अवसर मिला, जिसके लिए मैं सरापा प्रशंसा-भाव से सराबोर हूँ।*

DIWAN MAUDUD MASUD Sajjada Nashin
درگاہ حضرت بابا فرید
الدین مسعود گنج شکر
پاک پتن

10 जुलाई 2002
पाक पटन शरीफ

दीवान मौदूद मसऊद सज्जादानशीन
दरगाह हजरत बाबा फरीदुद्दीन मसऊद गंजशकर
पाक पटन

* मूल पाठ उर्दू में।

संक्षिप्त जीवनी

शेख़ फरीद जी की छाप वाले चार शबद और सौ से कुछ ऊपर श्लोक श्री गुरुग्रंथसाहिब जी में श्री गुरु पंचम पातशाह जी ने दर्ज किये हैं। शेख़ फरीद जी की पाक पटन में गद्दी अब तक है, पर इस गद्दी के आदिकर्ता शेख़ फरीद शक्करगंज के बुज़ुर्ग पंजाबी नहीं थे। वे अफगानिस्तान के रहने वाले थे।

शेख़ फरीद जी जिसकी औलाद में से थे, वह काबुल का बादशाह था, उसका नाम था फारूख़ शाह। गज़नी का बादशाह काबुल से दुश्मनी रखता था, सो कुछ समय बाद गज़नी के बादशाह ने काबुल फतेह कर लिया। तब फारूख़ शाह का बेटा उसके पास चला गया और शरण माँगी; गज़नी के बादशाह ने उसे काबुल का राज्य वापस कर दिया और अपनी लड़की की शादी उसके साथ कर दी। वास्तव में ऐसा लगता है कि गज़नी और काबुल के बादशाह आपस में रिश्तेदार थे और मुसलमानों में शादी रिश्तेदारी में हो जाती है। यह भी लिखा मिलता है कि शेख़ फरीद के दादा ख़्वाजा शईब का निकाह सुलतान महमूद गज़नी की बहन के साथ हुआ था, जिसकी औलाद में फरीद जी के पिता ख़्वाजा जमालुद्दीन सबसे बड़े बेटे थे।

शेख़ फरीद का परदादा किसी युद्ध में मारा गया। तब शेख़ फरीद का दादा शेख़ शईब अपने बेटे जमालुद्दीन तथा दो और बेटों तथा रिश्तेदारों सहित पंजाब में भाग आया। तब ईसवी सन् था ११२५ और हिज़री था ५१९। पंजाब में पहुँचकर पहले आप कसूर आये। कसूर का काज़ी शेख़ शईब के ऊँचे मर्तबे को जानता था, क्योंकि उसने विद्या काबुल में ग्रहण की थी। इस काज़ी ने शेख़ शईब की बहुत खातिर की। कुछ समय कसूर रहकर वे मुल्तान चले गये। ये यहाँ पर एकांत रहना चाहते थे, पर मुल्तान में मशहूर हो जाने के कारण आप 'खोतवाला' नामक गाँव में रहने लगे, जो दीपालपुर के पास है। इनके वहाँ रहने से खोतवाला का नाम 'चावली मुसैखाँ' पड़ गया। यहाँ शेख शईब ने इस्लामी तालीम का मदरसा खोल दिया। शेख़ फरीद की जन्मभूमि यही गाँव है।

आपके पिता शेख जमालुद्दीन ने बीबी मरियम से निकाह किया। बीबी मरियम सय्यद अब्दुल्ला शाह की बेटी थीं। ये सय्यद अब्दुल्ला शाह हज़रत अली के वंश से थे। हज़रत मुहम्मद साहब के चाचा अब्दुल्ला जी के वंश में एक और सज्जन थे—मौलवी वजीहुद्दीन; उन्होंने बीबी मरियम को अपनी ले-पालक लड़की बना लिया था। ये वजीहुद्दीन भी काबुल से राजसी मुश्किलों के कारण भाग आये थे और मुल्तान ज़िले के करीर नगर में आ बसे थे। पुराने ख़ानदानी समझ कर वजीहुद्दीन ने अपनी ले-पालक लड़की मरियम का निकाह शेख़ जमालुद्दीन के साथ कर दिया। इसी बीबी की कोख से शेख़ फरीद जी जन्मे। बीबी के बारे में लिखा मिलता है कि ये बड़ी दयानतदार और करामाती थीं।

बाबा फरीद का जन्म हिज़री ५६९ (ई. ११७३) में हुआ, उस दिन मोहर्रम की पहली तारीख थी। इसकी पवित्रता के खयाल से आपका नाम 'फरीदुद्दीन मसऊद' रखा गया।

आपके पिता जी आपकी छोटी आयु में ही गुज़र गये थे, माता ने आप के पालन और शिक्षा की जिम्मेदारी पूरे फकीरी और दरवेशी ढंग से निभायी। छोटी उमर में फरीद बालक ने कुरान कंठ कर लिया और नमाज़ पढ़ने लगे। नमाज़ के बाद माँ आपको शक्कर दिया करती थी। कहते हैं कि एक दिन नमाज़ के समय माँ घर नहीं थी, तो नमाज़ के बाद मुसल्ले के नीचे से ढेर सारी शक्कर मिली। कुछ आपने खायी और कुछ अपने साथियों में बाँटी। माँ को जब पता चला तो उसने कहा कि तू शक्करगंज है। इस तरह आपका उपनाम 'शक्करगंज' पड़ गया। इनकी कई रवायतें हैं। सन् ११८९ ई. (हिज़री ५८५) में आप हज पर गये। पाँच महीने बाद आये और फिर मक्के को चले गये।

मक्के में तब बगदाद के अब्दुल कादर जीलानी आये हुए थे। आपने फरीद जी के कान में कुछ कहा, वह बेहोश हो गये। होश आया तो आपने बताया कि उनको नबी के दर्शन हुए हैं। फिर जीलानी जी ने आपको अपने पास बुलाकर कई वस्तुएँ नबी जी की यादगार आपको बख्शीं। इस तरह आपका संबंध इस बड़े पीर के साथ हो गया। आप फिर मक्के से मदीने गये। मदीने होकर हिंद वापस आये तो पंजाब जाने से पहले अजमेर गये। वहाँ आप ने ख़्वाजा गरीब नवाज से शिक्षा

ली। फिर वतन आके आप काबुल गये और वहाँ बहुत समय रहे, धार्मिक शिक्षा ली, फिर वापस पंजाब आये और मुल्तान ठहरे। उसके बाद आप दिल्ली में फकीर कुतबुद्दीन से मिले और उनके मुरीद हो गये। फिर आप बुखारे की तरफ गये और वहाँ से आके फिर फकीर कुतबुद्दीन के पास हाज़िर हुए, यहाँ आप को चार शिक्षाएँ मिलीं :–(१) थोड़ा खाओ, (२) थोड़ा सोवो, (३) थोड़ा बोलो, (४) थोड़े लोगों से मिलो। कुतबुद्दीन से ये भी शिक्षा मिली कि सरसे जा कर दीनी विद्या और पढ़ो। फिर आप कुछ समय सरसे के फकीरों और उलमाओं में, खास कर अब्दुलशकूर के पास रहे। दिल्ली से आप हाँसी गये। कुछ समय बाद आपके मुर्शिद कुतबुद्दीन साहब गुज़र गये। आप फिर दिल्ली आये और उनकी जगह पर बिठाया गया, पर आप यह पदवी हाँसी के पीर जमालुद्दीन को सौंपकर अजोधन आ गये। इस जगह का नाम अब पाक पटन पड़ गया है।

फरीद जी एक बार जब दिल्ली गये, तब आप को बादशाह ने घर बुलाया और रनिवास की बेगमों को आप से बैंत अर्थात् दीक्षा दिलायी। यहाँ आप ने बादशाह की लड़की 'हज़ुबरा' को देखा और पूछा कि यह बीबी कौन है? फिर आप रनिवास से चले गये, पर बादशाह ने फरीद जी के सवाल का मतलब समझ लिया और लड़की का निकाह फरीद जी के साथ कर दिया। कई लाख रुपया और साथ में दासियाँ दीं, पर कहते हैं कि फरीद जी ने सारा रुपया गरीबों में बाँट दिया और दरवेशी तरीके से ही शाहज़ादी बेगम को रखा। इस तरह आपके चार या पाँच विवाह बतलाये जाते हैं।

इनसे आपकी औलाद हुई :–

पाँच बेटे : १. बदरूद्दीन, २. शहाबुद्दीन, ३. निज़ामुद्दीन, ४. याकूब, ५. अब्दुल शाह।

और तीन बेटियाँ : १. फातिमा, २. मसतहूरां, और ३. शरीफां।

अपनी माँ के हुक्म से फरीद जी का १२ साल जंगलों में रहना भी लिखा गया है। यह भी कहा जाता है कि आप मध्य हिंद, जूनागढ़, आसाम आदि कई जगह घूमे और जंगलों में भी रहे।

प्रसिद्ध फकीर निज़ामुद्दीन औलिया भी फरीद जी के मुरीद हो गये थे।

आसफुद्दीन भी आपका चेला हुआ। इस तरह कई प्रसिद्ध लोग मुरीद हुए। आपने सूफ़ी रंग में इस्लाम का बहुत प्रचार किया। लगभग १२ जातियों के सारे या फिर अधिकांश हिंदू आपके प्रभाव के कारण मुसलमान हो गये।

रवायत है कि जब फरीद जी अजोधन जा रहे थे तो पीलूं और बेरों पर गुज़ारा किया करते थे; मुद्दत तक आपकी यही खुराक रही। आपके खाने-पीने के संयम और भी मशहूर हैं। एक बार फरीद जी अपनी माता के हुक्म अनुसार १२ साल तक वनों में रहे। मशहूर है कि तब आप वनों के पत्ते खाकर गुज़ारा करते थे। १२ साल के बाद घर आये तब माता ने आपके बालों में कंघी की। बाल बहुत अड़े हुए होने के कारण बहुत पीड़ा हुई तो आप ने 'सी-सी' की। तब माता ने कहा : तुझे कंघी से पीड़ा होती है, जब तू पेड़ों से पत्ते तोड़ता है तो पेड़ों को पीड़ा नहीं होती? फरीद जी समझे कि मेहनत बेकार गयी। फिर आप १२ साल के लिए वनों में जा रहे। इस बार आप जैतून की लकड़ी का ठूठा साथ ले गये जो हज़रत मुहम्मद साहब का बताया जाता था और जो आपको गौंस आज़म ने दिया था। यह ठूठा भी आप रगड़कर पीते थे। घिस-घिसकर यह टिक्की के समान रह गया। इसको फिर आप पेट से बाँध लेते थे। इसी को लोग बताते हैं कि आपने काठ की रोटी बाँध ली थी। आप अपनी रचना में भी काठ की लकड़ी का ज़िक्र करते हैं। बताते हैं कि पाक पटन में वह रोटी अब तक रखी हुई है।

आपके कुएँ में लटककर तप करने की वारदातें भी बतायी गयी हैं, बल्कि बताते हैं कि वह कुआँ रिवाड़ी के पास है। कई मुसलमान श्रद्धालु बताते हैं कि फरीद जी ने भी तप करने की शिक्षा हज़रत मुहम्मद साहब से ली थी, जो 'चरा' नामक गुफा में घोर तप करते थे। बताते हैं कि आपने १४ चिल्ले घोर तप के काटे। आखिरी तप के अंत में, जब आप मूर्च्छित थे, खुद मुहम्मद साहब ने कहा : दिल्ली जाओ और ख़्वाजा कुतबुद्दीन की चरनी लगो। तो आप दिल्ली गये, वहाँ आप को नाम का राह मिला और आप रसारूढ़ हो गये। आपके तपों-हठों से हैरान लोग होते थे। पर इसी समय में एक और शिष्य हुए हैं, जो फरीद जी की माँ के खयाल सुनकर पत्ते खाना भी छोड़ बैठे थे। फिर आप भी पेड़ों के सूखे टुंड ढूँढ़कर उसमें, जो गलके आटा-सा हो जाता है, उसी पर निर्वाह करने

लगे। एक दिन उस आटे में जो कि एक पुराने टुंड का था, कीड़े चलते देखे तो वह भी खाना छोड़ दिया कि मैं इन कीड़ों की खुराक खाकर इनको क्यों भूखा रखूँ! फिर फाके-कड़ाके सहते एक संत के पास आये। उन्होंने सुमति दी कि इन हठों-तपों, त्यागों से साईं का नाम श्रेष्ठ है। अन्न-पानी खाओ संयम का। ये तो ठीक है कि वासना में नहीं पड़ना चाहिए, पर अति मत कर। गुरु ने इन हठों-तपों से मना किया है और उच्च जीवन का मार्ग सिखाया है। सो फरीद जी जो ज़ुहद में पड़कर कड़े हठ-तप करते थे, उनसे बढ़-चढ़कर रवायतें चल पड़ी हों तो आश्चर्य नहीं। उनका बारह-बारह बरस वनों में रहना उनकी जीवनियों में लिखा है। फरीद जी केवल पंजाब के वनों में ही नहीं, बल्कि उनका वर्धा ज़िले में गिरनार पहाड़ी पर तप करना, फिर जूनागढ़ में दातार जाकर टिकना भी बताते हैं। आसाम के वनों तक भी जाना सुना गया है, और निशान भी मिलते हैं। यह भी कहते हैं कि तीसरी बार फिर आप वनों में जा के रहे। इस तरह तप, हठ, ज़ुहद करते-करते नाम की आराधना में लग गये। भजन में आरूढ़ होते, प्रेम में रचते, साईं सिदक तथा रस में लीन आपने लंबा ईश्वर-परायण जीवन बसर किया। आप की आयु ९० से ऊपर बताते हैं। आपका स्वर्गवास हिज़री ६६४, (ईसवी १२६६) में हुआ। आप बीमारी से गुज़रे वह ज़ातुलरीह (निमोनिआ) था। कइयों का खयाल है कि आप १२५ बरस तक जीवित रहे, पर यह ठीक नहीं, क्योंकि जन्म और मृत्यु के संवत लिखे हुए मिलते हैं।

फरीद जी का जीवन-वृत्तांत बहुत लंबा है। खालसा ट्रैक्ट सोसायटी की तरफ से दो ट्रैक्टों में बहुत सारा हाल छापा जा चुका है। सोसायटी इन पर पुनर्विचार करके इन्हें फिर से छापने का विचार कर रही है। इसीलिए हमने ऊपर संक्षिप्त हाल ही दिया है। पर आजकल के सूफी मुसलमानों के बर्ताव में जो कुछ दिखता है वह फरीद जी के समय नहीं था। हर सूफी इस्लाम फैलाने का उतना ही इच्छुक था, जितना कि शरई काज़ी या तलवार-ज़न बादशाह होता था। फरीद जी ने भी हिंदुओं की जातों की जातें मुसलमान बनाई थीं; उनमें से बहुत थोड़े हिंदू रह गये थे। जैसे सयाल (जो जब हिंदू होते थे तो गिदड़ कहलाते थे), रांझे, झब, गोदल, चीमे, टिवाणे, खेड़े, हकारा पौन, ढोडी, सोधरे, थते, विज,

हांडे, शहती आदि। फरीद जी ने कई अछूत जातियाँ भी मुसलमान बनायीं। आप धागे-तावीज़ भी दिया करते थे। एक खास लिखारी यह तावीज़ लिखता था। राज मुसलमानी था, दीन कबूल करने पर बड़ी रिआयतें मिलती थीं। साथ ही फरीद जी का हठ, तप, त्याग, वैराग, भजन, बंदगी और मीठी वाक्य रचना भी असर करती थी।

क्यों गुरुजी ने आपकी वाणी गुरुग्रंथसाहिब में चढ़ायी? यह उनकी समदृष्टि का कमाल है। जिस वाणी में आपने वाहिगुरु जी के साथ वाणी के कर्ता की लगन को सच्ची और कमाल की देखा, जिसका प्रेम रब्ब जी के साथ सरलता वाला, सच्चा और अतिशय वाला पाया, वह चाहे किसी मत का रहा हो, किसी किस्म की तपस्या या साधना से शुरू किया हो, पर आखिर में अकाल पुरख को; उनकी वाणी को इस कसौटी पर परख कर, अपने अनुभवी ज्ञान से उनकी आत्मारूढ़ता को परखकर बिना लिहाज़, जात-पात, मज़हब के स्वीकार किया। संतों, साधुओं, फकीरों की ततिखया आदि घालों को, कई बार वह लोग कहते हैं, जो कुछ हाल पढ़-सुनकर हैरान होना और उन्हें बुरा समझना ठीक नहीं। वैराग की लगन जब तीव्र हो जाती है, तो कई बार दूर ले जाती है, पर उनकी सच्चाइयाँ उनको अंत में ठिकाने पहुँचा देती हैं। तप या रियाज़तें पाप नहीं हैं, पर हर कोई नहीं कर सकता। और कठिनाइयाँ गृहस्थ मार्ग तोड़ देती हैं। गुरु जी ने इसी कारण सहज का मार्ग चलाया और नाम के लड़ लगाके सीधी सेध बाँध दी : 'नाम तुलि कछु अवरु न होई।' गुरु जी की परख वह परख नहीं थी जो मज़हबी पूर्वग्रह वालों की होती है। न ही वह विद्वानों की बाल की खाल खींचने जैसी और एक नलकी में डाल कर निकालने वाली सियानी होती थी। उनका तराजू दैवी था जो बता देता था कि अंत में उनकी विषम गाँठ खुल गयी थी। उनकी बंदगी उनको चरण-शरण पहुँचा रही थी और वे अनुभव के देश पहुँच रहे थे। इसलिए हर जात और मत वाले की वाणी, जो दर पहुँचे हुए थे और नाम के कायल और धनी थे, आपने स्वीकार की।

शेख़ इब्राहीम, फरीद सानी या फरीद सालस

ऊपर जिस बाबा फरीद का संक्षिप्त वर्णन आया है, वह श्री गुरु नानक देव जी से पहले हो चुके थे। गुरु जी के समय फरीद जी की गद्दी पर शेख़ इब्राहीम जी थे, इनका नाम पुरातन जनम साखी में 'शेख़ बिरहम' लिखा हुआ है और यह भी लिखा है कि 'पटन का पीर शेख़ फरीद था, तिस कै तखत ते शेख़ बिरहम था।' एक बार आसाम देश में और एक बार पटन, दो बार गुरु नानकदेव जी की मुलाकात इसके साथ हुई, यह बात भी इस जनम साखी में लिखी है। भाई मनी सिंह जी बताते हैं कि दूसरी बार एक ही शख़्सिअत से मेल हुआ। सो दोनों मुलाकातें शेख़ बिरहम (शेख़ इब्राहीम) से हुईं।

शेख़ बिरहम अपने बड़े शेख़ फरीद की तरह बहुत ज़ुहदी, तपस्वी, वैरागी और हठी तपी हुए हैं। इसीलिए इनको फरीद सानी (दूसरा फरीद), या फरीद सालस (तीसरा फरीद या सालसी मध्यस्थता करनेवाला) कहते हैं; बल राजा भी खिताब था। शाह ब्राहम और शेख़ ब्रह्म कलां भी इनको कहते थे। आप सन् ९१७ हिज़री में गद्दी पर बैठे थे। आपका देहांत ९५८ हिज़री (१५५२ ई.) में हुआ। आपका शरीर सरहिंद में दफनाया गया था।

शेख़ बिरहम जी की करामातें भी शेख़ फरीद की तरह बहुत प्रसिद्ध थीं। कई बार दोनों की करामातें मिल जाती हैं। शेख़ ब्रह्म भी लगता है कि फरीद के घूमे हुए, हिंद के कई ठिकानों पर गये थे। इसलिए दोनों के सफरों के वृत्तांतों में कुछ भ्रम भी हो जाता है। दोनों की उन ठिकानों पर तप करने की रवायतें भी मिल जाती हैं; यहाँ तक कि वाणी के बारे में भी झगड़े हैं। शेख़ फरीद की वाणी पहले शेख़ फरीद की सुनी जाती है। पर एक-आध लेखकों को यह वाणी भी शेख़ बिरहम की लगती है। जनम साखी में गुरु जी के साथ शेख़ बिरहम की जो बातचीत दर्ज है उसमें वे कई श्लोक बोलते हैं जो शेख़ फरीद की वाणी के हैं। कहीं-कहीं यह निश्चय नहीं हो पाता कि वे अपने बुज़ुर्ग की वाणी बोलते हैं या स्वयं वाणी के रचयिता हैं और अपनी ही बात कहते हैं। गद्दी पर होने के कारण और लकब भी फरीद सानी या फरीद सालस होने के कारण खयाल किया जाता है कि वाणी उनकी हो सकती है। जनम साखी का रुख़ भी इसी तरफ है। दूसरी

ओर खयाल यही है कि वाणी पहले शेख़ फरीद की है और यह खयाल एक बहुत बड़े दायरे की धरोहर में है, और उनके जीवन-समाचार के साथ अधिक मेल खाती है। श्री गुरुग्रंथसाहिब जी में भी शेख़ फरीद नाम ही दिया है। इस विषय पर और अधिक विचार होना चाहिए लेकिन कुछ भी हो, यह प्रस्तुत रचना के दायरे से बाहर है। पर इस समय तक अधिक संभव बात यही लगती है कि वाणी शेख़ फरीद शक्करगंज की उच्चारण की हुई है।

शेख़ बिरहम की कई करामातें हैं, कई तप हैं। उन्होंने हिंद में दौरा किया, आसाम गए और वहाँ गुरु नानकदेव जी से मिले। फिर पटन में मिलाप हुआ। भाई मनी सिंह जी लिखते हैं :–'बाबे कहया मरदानियाँ पटण असां ने जावणा है क्योंकि शेख़ बिरहम नूँ उपदेश कीता सी सो देखां उस नूँ उपदेश चित है कि विसर गया है।'

–भाई वीर सिंह

੧ਓ ਸਤਿਗੁਰ ਪ੍ਰਸਾਦਿ ॥

आसा सेख फरीद जीउ की बाणी

दिलहु मुहबति जिन्न् सेई सचिआ ॥
जिन् मनि होरु मुखि होरु सि काँढे कचिआ ॥ १ ॥
रते इसक खुदाइ रंगि दीदार के ॥
विसरिआ जिन् नामु ते भुइ भारु थीए ॥ १ ॥ रहाउ ॥
आपि लीए लड़ि लाइ दरि दरवेस से ॥
तिन धन्नु जणेदी माउ आए सफलु से ॥ २ ॥
परवदगार अपार अगम बेअंत तू ॥
जिना पछाता सचु चुंमा पैर मूं ॥ ३ ॥
तेरी पनह खुदाइ तू बखसंदगी ॥
सेख फरीदै खैरु दीजै बंदगी ॥ ४ ॥ १ ॥

जो जीव परमात्मा के साथ दिल से सच्चा प्यार करते हैं वे ही सही प्रेमी हैं। जिनके मन में कुछ है और मुख में कुछ है, वे झूठे हैं ॥१॥ जो जीव परमात्मा के प्यार में लीन हैं और उसके दर्शन-रंग में रँगे हुए हैं, (वे ही वास्तव में प्रभु के जीव हैं), नाम को भुला देनेवाले जीव तो भूमि का बोझ मात्र होते हैं ॥१॥ रहाउ॥ प्रभु-दरबार के सच्चे फकीर वे ही हैं, जिन्हें परमात्मा ने स्वयं अपनी शरण में लिया है। उनको जन्म देने वाली माता धन्य है, उनका संसार में जन्म लेना सफल है ॥२॥ हे प्रभु, तुम सबके पालनहार, अगम, अपार और अनंत हो। जिन्होंने तुम्हारे वास्तविक रूप को पहचान लिया है, मैं उनके पाँव चूमता हूँ ॥३॥ हे हरि! मुझे तुम्हारी शरण दरकार है, तुम क्षमाशील हो। हे दाता, तुम शेख़ फरीद को अपनी बंदगी (भक्ति) की भिक्षा (ख़ैर) दो ॥४॥१॥

॥ आसा ॥ बोलै सेख फरीदु पिआरे अलह लगे ॥
इहु तनु होसी खाक निमाणी गोर घरे ॥ १ ॥
आजु मिलावा सेख फरीद टाकिम कूंजड़ीआ मनहु मचिंदड़ीआ ॥ १ ॥ रहाउ ॥
जे जाणा मरि जाईऐ घुमि न आईऐ ॥
झूठी दुनीआ लगि न आपु वञाईऐ ॥ २ ॥
बोलीऐ सचु धरमु झूठु न बोलीऐ ॥
जो गुरु दसै वाट मुरीदा जोलीऐ ॥ ३ ॥
छैल लम्घंदे पारि गोरी मनु धीरिआ ॥
कंचन वन्ने पासे कलवति चीरिआ ॥ ४ ॥
सेख हैयाती जगि न कोई थिरु रहिआ ॥
जिसु आसणि हम बैठे केते बैसि गइआ ॥ ५ ॥
कतिक कूंजाँ चेति डउ सावणि बिजुलीआँ ॥
सीआले सोहंदीआँ पिर गलि बाहड़ीआँ ॥ ६ ॥
चले चलणहार विचारा लेइ मनो ॥
गंढेदिआँ छिअ माह तुड़ंदिआ हिकु खिनो ॥ ७ ॥
जिमी पुछै असमान फरीदा खेवट किंनि गए ॥
जालण गोराँ नालि उलामे जीअ सहे ॥ ८ ॥ २ ॥

शेख़ फरीद कहते हैं, (ऐ जीवो!) प्रभु की शरण ग्रहण करो। (एक समय तो) यह शरीर मिट्टी हो जाएगा और कब्र में रहेगा (अर्थात् शरीर का कोई महत्त्व नहीं, यह तो मिट्टी है) ॥१॥ (आज यदि तुम) मन को चंचल करने वाली इंद्रियों (कूंजड़ियों) को वश में कर सको तो (इसी जन्म में) प्रभु से मिलन संभव है ॥१॥रहाउ॥ जब यह मालूम है कि आख़िर मरना है और फिर लौटकर नहीं आना है, तो इस झूठे संसार में लिप्त होकर अपना भावी क्यों ख़राब करते हो ॥२॥ सत्य बोलना धर्म है, झूठ नहीं बोलना चाहिए। जो मार्ग गुरु ने बताया है, शिष्य को उसी पर चलना

चाहिए ॥३॥ युवकों (संत रूपी) को भवसागर से पार होते देखकर युवती (दुनिया-धंधे में पड़ी आत्मा) मन को धैर्य देती है (विचारती है कि वह भी उसी पथ पर चलेगी)। (परमात्मा से विमुख) लोगों के मायावी (सोने के) फंदों को आरे से चीरा जाएगा ॥४॥ ऐ शेख़, संसार में किसी का जीवन स्थिर नहीं। जिस आसन पर हम बैठे हैं, इस पर (पहले भी) कितने ही बैठे होंगे ॥५॥ कार्तिक के महीने में कूँजों का उड़ना, चैत्र मास में दावाग्नि, सावन में बिजलियों का चमकना और शीतकाल में प्रियतम के गले में बाँहें डालकर सोना शोभा देता है ॥६॥ चले जाने वाले (धीरे-धीरे) चले जा रहे हैं। ज़रा विचारो तो सही कि जिसे बनाने में छह महीने लगते हैं, उसे ही तोड़ने में क्षण-भर लगता है ॥७॥ हे फरीद, ज़मीन आकाश से पूछती है कि वे कर्णधार (नेता) कहाँ गये? (आकाश उत्तर देता है) उनके शरीर कब्रों में सड़ रहे हैं, दुःख सहते हैं ॥८॥२॥ (यहाँ कवि ने पृथ्वी-आकाश को साक्षी बनाया है।)

ੴ सतिगुर प्रसादि ॥
रागु सूही बाणी सेख फरीद जी की ॥

तपि तपि लुहि लुहि हाथ मरोरउ ॥
बावलि होई सो सहु लोरउ ॥
तै सहि मन महि कीआ रोसु ॥
मुझु अवगन सह नाही दोसु ॥ १ ॥
तै साहिब की मै सार न जानी ॥
जोबनु खोइ पाछै पछुतानी ॥ १ ॥ रहाउ ॥
काली कोइल तू कित गुन काली ॥
अपने प्रीतम के हउ बिरहै जाली ॥
पिरहि बिहून कतहि सुखु पाए ॥
जा होइ कृपालु ता प्रभू मिलाए ॥ २ ॥
विधण खूही मुंध इकेली ॥
ना को साथी ना को बेली ॥
करि किरपा प्रभि साधसंगि मेली ॥
जा फिरि देखा ता मेरा अलहु बेली ॥ ३ ॥
वाट हमारी खरी उडीणी ॥
खंनिअहु तिखी बहुतु पिईणी ॥
उसु ऊपरि है मारगु मेरा ॥
सेख फरीदा पंथु सम्ारि सवेरा ॥ ४ ॥ १ ॥

(यहाँ बाबा फरीद प्रभु से विमुख आत्मा की दुःख-भरी कथा कहते हैं।) प्रभु के बिना शोकसंतप्त होकर मैं दुःखी हो रही हूँ, हाथ मलती हूँ,

और उन मादिनी की भाँति अपने प्रियतम की खोज कर रही हूँ। हे प्रभु-पति! तुमने मुझ पर गुस्सा किया, यह मेरे अवगुणों का दोष है, तुम्हारा इसमें कोई दोष नहीं ॥१॥ तू सबका मालिक है, मैंने तुम्हारी कद्र नहीं जानी। अब यौवन बीत जाने पर अर्थात् अहं नष्ट होने पर मैं तुम्हारे लिए पछता रही हूँ ॥१॥ रहाउ॥ काली कोयल किस कारण से काली हो गयी है? वह अपने प्रियतम के विरह में जल गयी है। सच है, प्रियतम के बिना किसी को कहीं सुख नहीं मिलता। उसकी ही कृपा हो तो आत्मा रूपी स्त्री परमात्मा रूपी पति से मिलाप कर सकती है॥२॥ यह कुआँ सूना (वियोग की स्थिति) है, इसमें आत्मा रूपी स्त्री अकेले गिर गयी है। वहाँ उसका कोई संगी या मित्र नहीं है। ऐसे में परमात्मा-पति ने सहयोग देकर (मेरी) रक्षा की है। जब मैं पीछे मुड़कर देखती हूँ तो मुझे अपना परममित्र परमात्मा साथ दीख पड़ता है ॥३॥ हमारा रास्ता तंग और सूना है। यह तलवार की धार सरीखा तेज और पतला है। हमें इसी मार्ग पर चलना है (यहाँ फरीद जी शून्य मार्ग की बात कह रहे हैं)। फरीद जी कहते हैं कि समय रहते इस मार्ग की जानकारी प्राप्त करना अपेक्षित है ॥४॥१॥

॥ सूही ललित ॥ बेड़ा बंधि न सकिओ बंधन की वेला ॥
भरि सरवरु जब ऊछलै तब तरणु दुहेला ॥ १ ॥
हथु न लाइ कसुंभड़ै जलि जासी ढोला ॥ १ ॥ रहाउ ॥
इक आपीनै् पतली सह केरे बोला ॥
दुधा थणी न आवई फिरि होइ न मेला ॥ २ ॥
कहै फरीदु सहेलीहो सहु अलाएसी ॥
हंसु चलसी डुंमणा अहि तनु ढेरी थीसी ॥ ३ ॥ २ ॥

(इस संसार-सागर से पार उतरने के लिए) जब बेड़ा बाँधने का (नौका बनाने अर्थात् भजन करने का) समय था, तब तुमने बेड़ा नहीं बनाया। जब सागर की ऊँची और तेज लहरों का सामना होगा अर्थात् जीवन में विषय-विकार बढ़ जाएँगे, तो तैरना कठिन हो जाएगा ॥१॥ कुसुंभ का फूल बड़ा लाल और भड़कीला होता है, किंतु इसे हाथ न लगाना, जल जाएगा। (विषय-विकार कुसुंभ के फूल की तरह सुन्दर और आकर्षक होता है, किंतु उनका सौंदर्य आग की लपट की तरह दाहक होता है) ॥१॥रहाउ॥ एक तो जीव रूपी स्त्री स्वयं दुर्बल है, दूसरे मालिक कठोर है अर्थात् स्त्री ने प्रभु-नाम का बल प्राप्त नहीं किया और उसे कठोर हुक्मों का सामना करना है। परमात्मा से मिलन भी इसी जन्म में संभव है; क्योंकि जिस प्रकार थनों से निकाला गया दूध दोबारा थनों में नहीं जा सकता है, उसी तरह इस जन्म को गँवा देने पर दोबारा परमात्मा से मिलाप नहीं हो सकता ॥२॥ शेख़ फरीद जी पुकारकर कहते हैं कि हे मित्रो! परमात्मा हम सबको बुला लेगा अर्थात् हमारी मृत्यु ज़रूर आयेगी। यह हंस (आत्मा) उदास होकर चल पड़ेगा और शरीर मिट्टी की ढेरी हो जाएगा ॥३॥२॥

ੴ सतिगुर प्रसादि ॥
सलोक सेख फरीद के

जितु दिहाड़ै धन वरी साहे लए लिखाइ ॥
मलकु जि कन्नी सुणीदा मुहु देखाले आइ ॥
जिंदु निमाणी कढीऐ हडा कू कड़काइ ॥
साहे लिखे न चलनी जिंदु कूं समझाइ ॥
जिंदु वहुटी मरणु वरु लै जासी परणाइ ॥
आपण हथी जोलि कै कै गलि लगै धाइ ॥
वालहु निकी पुरसलात कन्नी न सुणी आइ ॥
फरीदा किड़ी पवंदीई खड़ा न आपु मुहाइ ॥ १ ॥

फरीद जी कहते हैं, जिस दिन मनुष्य रूपी स्त्री का विवाह है, वह मुहूर्त (लग्न) निश्चित है (अर्थात् मनुष्य के जन्म लेते ही उसकी मौत का दिन भी निश्चित होता है)। जिस मृत्यु के दूत के बारे में कानों से सुना होता है, वह आकर मुँह दिखाता है (जैसे स्त्री ने अपने वर के संबंध में बातें सुनी होती हैं, विवाह के दिन वह उसका मुँह देखती है)। बेचारी जीवात्मा को हड्डियों को खड़खड़ाकर शरीर से अलग किया जाता है। (इस अवसर के लिए पहले से ही) जीवात्मा को समझा लो कि मुहूर्त नहीं टलता, यथा अवसर चलना ही होगा (जैसे माता-पिता कन्या को विवाह की बात बताते और मानसिक तौर से तैयार करते हैं)। जीवात्मा रूपी दुलहिन को यमदूत रूपी दूल्हे को निश्चित ही ब्याहकर ले जाना है। अपने हाथों जीवात्मा को विदा करके (यह शरीर) फिर दौड़कर किसके गले लगेगा? (उसमें मौजूद सत्व के जाने के बाद क्या वह किसी की शरण ले सकता है?) ऐ मनुष्य, क्या तुमने कानों से नहीं सुना कि नरक की अग्नि पर बना पुल (पुलसरात=पुलेसिरात) बाल से भी सूक्ष्म है। (नीचे कानों में नरक की) आवाज़ें आती हैं। फरीद जी कहते हैं कि इसलिए, ऐ

मनुष्य, तुम अपने को यहाँ खड़े-खड़े न लुटाओ। (अर्थात् भोग-विलास में पड़कर आत्मनाश न करो) ॥१॥

फरीदा दर दरवेसी गाखड़ी चलाँ दुनीआँ भति ॥
बंनि् उठाई पोटली किथै वंञा घति ॥ २ ॥

फरीद जी कहते हैं कि परमात्मा के द्वार पर दरवेश (फकीर) बनना बड़ा कठिन है; मैं तो संसार की भाँति चल रहा हूँ। मैंने सांसारिकता की गठरी बाँधकर उठा रखी है; अब मैं इसे कहाँ और कैसे छोड़ जाऊँ? (अर्थात् दुनियादारी से छुटकारा कैसे पाऊँ?) ॥२॥

किझु न बुझै किझु न सुझै दुनीआ गुझी भाहि ॥
साँईं मेरै चंगा कीता नाही त ह्म भी दझाँ आहि ॥ ३ ॥

यह संसार तो छिपी अग्नि की तरह कुछ सुझाई-बुझाई ही नहीं पड़ता। मेरे स्वामी (परमात्मा) ने अच्छा ही किया (जो मेरे में वैराग्य पैदा कर दिया, अन्यथा) मैं भी भूल से इस आग में जल जाता ॥३॥

फरीदा जे जाणा तिल थोड़ड़े संमलि बुकु भरी ॥
जे जाणा सहु न्नढड़ा ताँ थोड़ा माणु करी ॥ ४ ॥

फरीद जी कहते हैं कि यदि मुझे पता हो कि (श्वास रूपी) तिल कम हैं, तो मैं सावधानी से मुट्ठी भरूँ (अर्थात् सावधानीपूर्वक जीवन बिताऊँ)। यदि मुझे पता हो कि मेरा पति-परमेश्वर अप्रौढ़ (बे-परवाह) है, तो मैं उसके सम्मुख अपनी जवानी का मान न करूँ। (अर्थात् बे-परवाह परमात्मा के सामने अभिमान नहीं, समर्पण अपेक्षित है) ॥४॥

जे जाणा लड़ छिजणा पीडी पाईं गंढि ॥
तै जेवडु मै नाहि को सभु जगु डिठा हंढि ॥ ५ ॥

यदि मुझे विदित होता कि दामन कमज़ोर है (फट जाएगा), तो मैं मज़बूत गाँठ लगाता (प्रभु से प्रेम का दामन पकड़कर उसे मज़बूती से अपना लेता), क्योंकि मैंने घूम-फिरकर सब संसार परख लिया है कि वास्तव में (हे प्रभु) तुमसे बड़ा अन्य कोई नहीं है ॥५॥

फरीदा जे तू अकलि लतीफु काले लिखु न लेख ॥
आपनड़े गिरीवान महि सिरु नींवाँ करि देखु ॥ ६ ॥

ऐ फरीद, यदि तुम अक्ल-लतीफ (सूक्ष्म-बुद्धि) हो, तो काले लेख न लिखो (अर्थात् जीवन में अज्ञान का अँधेरा न होने दो)। (बल्कि) अपने आँचल में मुँह छिपाकर और गर्दन झुकाकर देखो। (कि तुम्हारे कर्म कैसे हैं?) ॥६॥

फरीदा जो तै मारनि मुकीआँ तिन्हा न मारे घुंमि ॥
आपनड़ै घरि जाईऐ पैर तिन्हा दे चुंमि ॥ ७ ॥

फरीद जी अपने को संबोधित करते हुए कहते हैं कि यदि कोई तुम्हें मुक्के भी मारे, तो बदले में तुम उसे मत मारो। बल्कि उसके पैर चूमकर अपने घर लौट आओ। (भाव यह है कि बदले की चेतना की जगह विनम्रता अपना लो।) ॥७॥

फरीदा जाँ तउ खटण वेल ताँ तू रता दूनी सिउ ॥
मरग सवाई नीहि जाँ भरिआ ताँ लदिआ ॥ ८ ॥

फरीद जी कहते हैं कि जब कमायी (अच्छे कर्मों की कमायी) करने का समय था, तब तुम दुनियादारी के चक्र में रहे (मोह-माया में फँसे रहे)। अब तो मौत की नींव पक्की हो गयी है, (अर्थात् श्वास पूरे हो गये हैं), तैयारी पूरी है, बस अब तो चल ही देना है। (अर्थात् मर जाना है, इसके बाद क्या कर सकोगे?) ॥८॥

देखु फरीदा जु थीआ दाड़ी होई भूर ॥
अगहु नेड़ा आइआ पिछा रहिआ दूरि ॥ ९ ॥

ऐ फरीद, देखो तुम्हारे साथ क्या बीती है! दाढ़ी सफेद हो गयी है। आगे मृत्यु समीप आ रही है। जीवन का आरंभ (कुछ कर सकने के अवसर) दूर रह गये हैं। (अर्थात् मृत्यु निकट है, अब भी कोई पुण्य-कर्म कर लो) ॥९॥

देखु फरीदा जि थीआ सकर होई विसु ॥
साँई बाझहु आपणे वेदण कहीऐ किसु ॥ १० ॥

ऐ फरीद, देखो तुम्हारे साथ क्या बीती है! तुम्हारे लिए शक्कर भी विष-समान हो गयी है। (अर्थात् भोग-विलास की मिठाई अब विष के समान कटु और मारक हो गयी है—बुढ़ापा आ गया है।) बुढ़ापे का यह दुःख मैं अपने स्वामी प्रभु को छोड़ किससे कहूँ? ॥१०॥

फरीदा अखी देखि पतीणीआँ सुणि सुणि रीणे कन्न ॥
साख पकंदी आईआ होर करेंदी वन्न ॥ ११ ॥

फरीद जी कहते हैं कि मेरी आँखों की ज्योति देख-देखकर (दुनियावी चीज़ों को) मंद पड़ गयी है, कानों की श्रवण-शक्ति सुन-सुनकर (दुनिया की बातें) बुझ गयी है। यह शरीर रूपी खेती अब पक रही है, तभी तो धीरे-धीरे यह अपना पूरा रंग ही बदल रही है ॥११॥

फरीदा कालीं जिनी न राविआ धउली रावै कोइ ॥
करि साँई सिउ पिरहड़ी रंगु नवेला होइ ॥ १२ ॥

फरीद जी कहते हैं कि जिसने यौवन में (काले बालों से) इश्क (प्यार) नहीं किया, वह बुढ़ापे में क्या प्रेम करेगा (अर्थात् जवानी में प्रभु-नाम नहीं जपा तो अब बुढ़ापे में क्या संभव है?) अच्छा है यदि तुम स्वामी से प्रीति करो; इसी के परिणाम से अब भी नित्य-नवीन आनंद मिलेगा। (परमात्मा से प्यारे करने वाला नित्य-नवीनता का अनुभव करता है; उस पर बुढ़ापे का निराशाजनक प्रभाव नहीं होता) ॥१२॥

॥ मः ३ ॥ फरीदा काली धउली साहिबु सदा है जे को चिति करे ॥
आपणा लाइआ पिरमु न लगई जे लोचै सभु कोइ ॥
एहु पिरमु पिआला खसम का जै भावै तै देइ ॥ १३ ॥

इस पद में फरीद के उपरोक्त (१२वें श्लोक) की ध्वनि पर टिप्पणी करते हुए म० ३, गुरु अमरदास कहते हैं, ऐ फरीद, यदि मुनष्य दिल लगाकर परमात्मा से प्यार करे तो काले-सफेद बालों (जवानी-बुढ़ापे की अवस्थाओं) का कोई महत्त्व नहीं। (परमात्मा उसे सदा मिल सकता है) किंतु प्रेम अपने लगाये नहीं लगता; इसकी आकांक्षा तो सभी करते हैं। (वास्तव में) प्रेम का रंग परमात्मा की अपनी देन है, जिसे चाहे, उसे देता

है। (अर्थात् प्रभु-प्रेम के लिए कोई अवस्था निर्धारित नहीं और न ही इस पर किसी का विशेष दावा है।) ॥१३॥

फरीदा जिनॖ लोइण जगु मोहिआ से लोइण मै डिठु ॥
कजल रेख न सहदिआ से पंखी सूइ बहिठु ॥ १४ ॥

फरीद जी कहते हैं कि जगत को मोह लेने की शक्ति रखने वाले नेत्रों को मैंने देखा है। जो कभी अंजन की मामूली चुभन सहन नहीं करते थे, वहाँ आज पक्षी बच्चे दिये बैठे हैं। (अर्थात् संसार की सुंदर वस्तुओं का अंत बड़ा भयंकर होता है, ऐसा फरीद जी का अनुभव है) ॥१४॥

फरीदा कूकेदिआ चाँगेदिआ मती देदिआ नित ॥
जो सैतानि वंञाइआ से कित फेरहि चित ॥ १५ ॥

फरीद जी कहते हैं कि चिल्लाते, पुकारते और समझाते हुए भी जिन लोगों को शैतान ने बिगाड़ रखा है, वे अपनी बुद्धि को क्योंकर स्थिर कर सकते हैं। (अर्थात् मोह-माया में फँसे जीवों का वहाँ से निकलना बड़ा कठिन होता है) ॥१५॥

फरीदा थीउ पवाही दभु ॥
जे साँई लोड़हि सभु ॥
इकु छिजहि बिआ लताड़ीअहि ॥
ताँ साई दै दरि वाड़ीअहि ॥ १६ ॥

फरीद जी कहते हैं कि ऐ मनुष्य, यदि तुम अपने स्वामी परमात्मा से मिलन चाहते हो, तो मार्ग की दूब की तरह बन जाओ। दूब को पहले काटा जाता है, फिर पैरों तले रौंदा जाता है, तब कहीं वह परमात्मा के द्वार

में प्रवेश पा सकने के योग्य होती है। (अर्थात् दूब की तरह विनम्र होकर ही प्रभु को पाया जाता है)॥१६॥

फरीदा खाकु न निंदीऐ खाकू जेडु न कोइ ॥
जीवदिआ पैरा तलै मुइआ उपरि होइ ॥ १७ ॥

ऐ फरीद, मिट्टी की निंदा क्यों की जाए, मिट्टी के बराबर तो कुछ भी नहीं। मनुष्य जब जीवित होता है, यह मिट्टी उसके पाँव तले होती है (अर्थात् उसे खड़ा रहने की शक्ति देती है) और मरने पर उसके ऊपर हो जाती है। (अर्थात् पशु-पक्षियों से मृत शरीर की भी रक्षा करती है) ॥१७॥

फरीदा जा लबु ता नेहु किआ लबु त कूड़ा नेहु ॥
किचरु झति लघाईऐ छपरि तुटै मेहु ॥ १८ ॥

ऐ फरीद, जहाँ लोभ हो, क्या वहाँ प्यार हो सकता है? यदि लोभ है तो प्यार निश्चय ही मिथ्या होगा। आखिर वर्षा के दिनों में टूटे छप्पर के नीचे कब तक समय बिताया जा सकता है! (टूटा छप्पर यहाँ लोभ का प्रतीक है। उसके नीचे हमेशा निभाना असंभव होता है।) ॥१८॥

फरीदा जंगलु जंगलु किआ भवहि वणि कंडा मोड़ेहि ॥
वसी रबु हिआलीऐ जंगलु किआ ढूढेहि ॥ १९ ॥

फरीद जी कहते हैं, ऐ मनुष्य, तुम जंगल-जंगल में, वनस्पति के बीच और नदी-तटों पर घूमते हुए क्या खोज रहे हो? परमात्मा तो तुम्हारे भीतर हृदय में बसा हुआ है, तुम जंगलों में भला क्यों फिरते हो? (उसे पाना है तो अंतर्मन में ही पा लो) ॥१९॥

फरीदा इनी निकी जंघीऐ थल डूंगर भविओम्हि ॥
अजु फरीदै कूजड़ा सै कोहाँ थीओमि ॥ २० ॥

फरीद जी कहते हैं कि (जवानी में) इन छोटी टाँगों से मैंने सब मरुस्थलों-पहाड़ों को नाप डाला, किंतु आज (बुढ़ापे में) निकट रखी मिट्टी की घटिका सौ कोसों पर रखी दीख पड़ती है। (अर्थात् बुढ़ापे में कुछ कर सकने का सामर्थ्य नहीं रह गया) ॥२०॥

फरीदा राती वडीआँ धुखि धुखि उठनि पास ॥
धिगु तिन्ना दा जीविआ जिना विडाणी आस ॥ २१ ॥

ऐ फरीद, (प्रियतम की वियोगावस्था में) रातें लंबी हो गयी हैं, और शरीर दर्द करने लगा है (सो-सोकर)। किंतु उनके जीवन पर धिक्कार है, जो पर-आशा करने लगते हैं। (अर्थात् अपने प्रियतम को भुला कर रात की रंगरलियाँ दूसरों से करने लगते हैं) ॥२१॥

फरीदा जे मै होदा वारिआ मिता आइड़िआँ ॥
हेड़ा जलै मजीठ जिउ उपरि अंगारा ॥ २२ ॥

फरीद जी कहते हैं कि यदि मैं (अपने घर आए हुए) मित्रों से कोई चोरी रखूँ, कोई बात छिपाऊँ, तो मेरा शरीर मजीठ-रंग के अंगारों (धधकते अंगारों) में जल जाए। (भाव यह है कि सज्जन लोगों के पधारने पर समर्पण का मार्ग ही सही है, आडंबर नहीं चलता) ॥२२॥

फ़रीदा लोड़ै दाख बिजउरिआँ किकरि बीजै जटु ॥
हंढै उंन कताइदा पैधा लोड़ै पटु ॥ २३ ॥

फरीद जी कहते हैं कि यदि कृषक बबूल बीजकर अंगूर खाने की आशा करे, तो उसकी स्थिति उस व्यक्ति के समान होगी जो जीवन-भर ऊन कातता है किंतु रेशमी पहनने की इच्छा करता है॥२३॥

फरीदा गलीए चिकड़ दूरि घरु नालि पिआरे नेहु ॥
चला त भिजै कंबली रहाँ त तुटै नेहु ॥ २४ ॥

फरीद जी अपनी प्रेममयी स्थिति का वर्णन करते हुए कहते हैं कि गलियों में कीचड़ है, (प्रियतम का) घर दूर है, किंतु उसके साथ प्यार गहरा है। (प्रियतम को मिलने जाऊँ तो) मेरी ओढ़नी (वर्षा के कारण) भीगती है और यदि (इस कठिनाई के कारण) नहीं जाता, तो प्यार को लाज लगती है, नेह टूटता है। (अभिप्राय यह है कि प्रेम मार्ग के विघ्नों का कोई महत्त्व नहीं होता—अगले श्लोक में यह बात स्पष्ट की गयी है।) ॥२४॥

भिजउ सिजउ कंबली अलह वरसउ मेहु ॥
जाइ मिला तिना सजणा तुटउ नाही नेहु ॥ २५ ॥

ओढ़नी भीगती है तो भीग जाए, किंतु प्रभु-प्रियतम की ओर से बरसाया मेंह बरसता रहे; इसमें भी आनंद है। मैं तो निश्चित ही अपने प्रियतम को जा मिलूँगी, ताकि मेरा प्रेम अमर बना रहे॥२५॥

फरीदा मै भोलावा पग दा मतु मैली होइ जाइ ॥
गहिला रूहु न जाणई सिरु भी मिटी खाइ ॥ २६ ॥

फरीद जी कहते हैं कि मुझे अपनी पगड़ी की चिंता है कि कहीं मैली न हो जाए! किंतु मूर्ख जीव नहीं जानता कि (मरणोपरांत) पगड़ी तो क्या, सिर भी मिट्टी ही खा जाती है ॥२६॥

फरीदा सकर खंडु निवात गुड़ माखिओ माँझा दुधु ॥
सभे वसतू मिठीआँ रब न पुजनि तुधु ॥ २७ ॥

फरीद जी कहते हैं (कि यह सच है) कि शक्कर, चीनी, मिश्री, गुड़, शहद एवं भैंस का दूध, सब वस्तुएँ मीठी होती हैं, किंतु इनमें से कोई भी वस्तु जीव को परमात्मा की ओर प्रवृत्त नहीं करती। (अर्थात् बेकार हैं) ॥२७॥

फरीदा रोटी मेरी काठ की लावणु मेरी भुख ॥
जिना खाधी चोपड़ी घणे सहनिगे दुख ॥ २८ ॥

फरीद जी कहते हैं कि मेरी रोटी लकड़ी की तरह कठोर है और मेरी भूख उसके संग ग्रहण करने वाली सब्ज़ी है। (अभिप्राय यह है कि भूख को मैंने संयत कर रखा है, काठ की कठोर रोटी मुझे सांसारिक भोग-विलास से मुक्त रखती है); जो लोग घी आदि से चुपड़ी रोटी खाते हैं (अर्थात् विषय-विकारों में पड़ते हैं) वे ही दुःख सहन करेंगे ॥२८॥

रुखी सुखी खाइ कै ठंढा पाणी पीउ ॥
फरीदा देखि पराई चोपड़ी ना तरसाए जीउ ॥ २९ ॥

ऐ फरीद, अपनी रूखी-सूखी रोटी खाकर शीतल जल ग्रहण करो (अर्थात् सादेपन का जीवन जिओ), पराये लोगों की चुपड़ी रोटी देखकर मन को क्यों तरसाते हो। (अर्थात् दूसरे यदि विलासिता में जीते हैं, तो भी तुम मन को उधर से विरक्त रखो) ॥२९॥

अजु न सुती कंत सिउ अंगु मुड़े मुड़ि जाइ ॥
जाइ पुछहु डोहागणी तुम किउ रैणि विहाइ ॥ ३० ॥

फरीद जी कहते हैं कि मैं तो केवल आज ही एक दिन के लिए प्रियतम की सेज से अलग सोयी हूँ, और मेरे शरीर का अंग-अंग पीड़ा कर रहा है (भला वे वियोगिनियाँ क्योंकर जीवित हैं, जो सदैव प्रियतम से अलग हैं) चलकर विरहिणी से पूछो कि वह रात्रि क्योंकर गुज़ारती है? (अभिप्राय यह है कि सच्चा प्यार एक दिन का वियोग नहीं सहन कर सकता, बेचारी विरहिणी जीवात्माएँ कैसे जीवन गुज़ारती होंगी?) ॥३०॥

साहुरै ढोई ना लहै पेईऐ नाही थाउ ॥
पिरु वातड़ी न पुछई धन सोहागणि नाउ ॥ ३१ ॥

जो जीव-स्त्री ससुराल (परलोक) में प्रतिष्ठित नहीं, पीहर (इहलोक) में जिसकी कोई कद्र नहीं और प्रियतम (प्रभु) उसकी बात नहीं पूछता, भला उसे 'सुहागिन' की संज्ञा देना कहाँ तक उचित है?॥३१॥

साहुरै पेईऐ कंत की कंतु अगंमु अथाहु ॥
नानक सो सोहागणी जु भावै बेपरवाह ॥ ३२ ॥

(३२वें श्लोक में बाबा फरीद की उपरोक्त धारणा पर गुरु नानक टिप्पणी करते हैं–) ऐ नानक, जीव-स्त्री ससुराल या पीहर (परलोक या इहलोक), दोनों जगह अपने पति (परमेश्वर) की है और वह निपट बे-परवाह है। जो ऐसे बे-परवाह प्रभु-पति की रुचती है, वही स्त्री (जीव) वास्तव में सुहागिन होती है ॥३२॥

नाती धोती संबही सुती आइ नचिंदु ॥
फरीदा रही सु बेड़ी हिंङु दी गई कथूरी गंधु ॥ ३३ ॥

जीवात्मा-स्त्री यदि प्रियतम की प्रतीक्षा में नहा-धोकर सजधज-पूर्ण बैठी और भ्रमावर्त होकर पुनः निद्रा-मग्न हो गयी। (परिणामतः प्रभु-प्रियतम आकर लौट गये अर्थात्) कस्तूरी की गंध तो उड़ गयी, थोड़ी शेष बची दुर्गंध पल्ले पड़ी। (अभिप्राय यह है कि आध्यात्मिक प्रेम का रंग तो नीरस हो गया, विषय-वासना की दुर्गंध शेष बची) ॥३३॥

जोबन जाँदे ना डराँ जे सह प्रीति न जाइ ॥
फरीदा किंती जोबन प्रीति बिनु सुकि गए कुमलाइ ॥ ३४ ॥

ऐ फरीद, यदि परमात्मा-पति से मेरा प्यार अटूट बना रहे, तो यौवन के बीत जाने की भी मुझे कोई चिंता नहीं। पति-प्रियतम के प्रेम के बिना कितने ही यौवन सूख गये या कुम्हलाकर रह गये हैं ॥३४॥

फरीदा चिंत खटोला वाणु दुखु बिरह विछावण लेफु ॥
एहु हमारा जीवणा तू साहिब सचे वेखु ॥ ३५ ॥

फरीद जी कहते हैं कि प्रभु को पाने की इच्छा ही हमारी चारपाई है, वह दुःख रूपी पट्टी से बुनी गयी है और उस पर विरह का बिछावन तथा रज़ाई मौजूद है। इसी प्रकार की विरह-स्थिति में हम जी रहे हैं, हे सच्चे स्वामी, हमारी अव्यवस्थित स्थिति को देखो। (और कृपा करो) ॥३५॥

बिरहा बिरहा आखीऐ बिरहा तू सुलतानु ॥
फरीदा जितु तनि बिरहु न ऊपजै सो तनु जाणु मसान ॥ ३६ ॥

विरह-विरह की रट सभी लगाते हैं, लेकिन यह विरह की अनुभूति तो बादशाह की तरह सम्माननीय है। जिसके शरीर में विरह की अनुभूति नहीं उपजती, उनका शरीर श्मशान के समान समझो॥३६॥

फरीदा ए विसु गंदला धरीआँ खंडु लिवाड़ि ॥
इकि राहेदे रहि गए इकि राधी गए उजाड़ि ॥ ३७ ॥

ऐ फरीद, यह संसार (अत्यंत गहरा एवं अनुदार है।) विष-लिपटे साग के समान है, किंतु ऊपर से चीनी की पाग दे रखी है। कुछ लोग इस विषैले साग का सेवन करते रह गये, जबकि कुछ ऐसे भी होते हैं जो इस विषैली उपज को उजाड़कर चले जाते हैं। (विरक्त हो जाते हैं) ॥३७॥

फरीदा चारि गवाइआ हंढि कै चारि गवाइआ संमि ॥ लेखा
रबु मंगेसीआ तू आँहो केर्हे कंमि ॥ ३८ ॥

फरीद जी कहते हैं कि ऐ मनुष्य, तुमने चार पहर (दिन) तो घूम-फिरकर आनंद में बिता दिये, शेष चार पहर (रात्रि) सोकर खो दिये। लेकिन मृत्यूपरांत परमात्मा तुमसे हिसाब माँगेगा कि तुम्हें क्या काम सौंपा गया था और तुम क्या कार्य करते रहे? ॥३८॥

फरीदा दरि दरवाजै जाइ कै किउ डिठो घड़ीआलु ॥
एहु निदोसाँ मारीऐ हम दोसाँ दा किआ हालु ॥ ३९ ॥

ऐ मनुष्य, क्या तुमने कभी संपन्न लोगों के द्वार पर रखा घड़ियाल नहीं देखा? (उस पर हर पहर चोट लगायी जाती है। उसी को इंगित करते हैं कि) जब यह निर्दोष घड़ियाल नित्य पिटता है, तो वह दोषयुक्त जीवों का क्या होगा? (अभिप्राय यह कि फरीद जी लोगों को आह्वान कर रहे हैं, ताकि वे अपने दोषों का विश्लेषण कर सकें) ॥३९॥

घड़ीए घड़ीए मारीऐ पहरी लहै सजाइ ॥
सो हेड़ा घड़ीआल जिउ डुखी रैणि विहाइ ॥ ४० ॥

(उस घड़ियाल पर) हर घड़ी, हर पहर चोट लगायी जाती है, उसे अकारण कष्ट पहुँचाया जाता है। शरीर की स्थिति भी इसी घड़ियाल की तरह है, इसकी आयु रूपी रात्रि भी दुःखों में व्यतीत होती है ॥४०॥

बुढा होआ सेख फरीदु कंबणि लगी देह ॥
जे सउ वरिआ जीवणा भी तनु होसी खेह ॥ ४१ ॥

फरीद जी कहते हैं कि मनुष्य जब वृद्ध होता है, तो शरीर काँपने लगता है (जर्जरित हो जाता है) यदि जीवन की अवधि सौ वर्ष की भी हो, अंततः तो मिट्टी में ही मिलना है। (अभिप्राय यह कि वृद्धावस्था और मृत्यु अवश्यंभावी है, जीवन कितना भी भोग लो, आखिर तो मरना निश्चित है) ॥४१॥

फरीदा बारि पराइऐ बैसणा साँई मुझै न देहि ॥
जे तू एवै रखसी जीउ सरीरहु लेहि ॥ ४२ ॥

फरीद जी कहते हैं, ऐ प्रभु, मुझे और के द्वार का याचक न बना (बैठने न दो, अपनी ही शरण में रखो)। यदि तुमको ऐसा ही रखना हो तो कृपया मेरे शरीर से प्राण अलग कर लो। (ताकि मुझे जीवित होने के नाते परवशता महसूस न हो) ॥४२॥

कंधि कुहाड़ा सिरि घड़ा वणि कै सरु लोहारु ॥
फरीदा हउ लोड़ी सहु आपणा तू लोड़हि अंगिआर ॥ ४३ ॥

पेड़ के संदर्भ में बाबा फरीद लोहार से कहते हैं कि तुम कंधे पर कुल्हाड़ी लिये हुए हो, सिर पर पानी का घड़ा रखा है और पेड़ काटना चाहते हो (पेड़ के सिर पर सवार हो)। (मैं इस पेड़ के नीचे बैठकर) प्रभु-नाम लेता और परमात्मा को खोजता हूँ और तुम इसे काट-जलाकर अंगारे सुलगाते हो। (अभिप्राय यह कि लक्ष्य भिन्न होने से यह तथ्य चिंतनीय है) ॥४३॥

फरीदा इकना आटा अगला इकना नाही लोणु ॥
अगै गए सिंञापसनि चोटाँ खासी कउणु ॥ ४४ ॥

फरीद जी कहते हैं कि कुछ लोगों के पास संपन्नता रूपी आटा पर्याप्त है और कुछ लोगों के पास समृद्धि आटे में नमक के बराबर भी नहीं है। परलोक में जाने पर वास्तविक स्थिति का ज्ञान होगा कि अधिक दंड किसे मिलता है? ॥४४॥

पासि दमामे छतु सिरि भेरी सडो रड ॥
जाइ सुते जीराण महि थीए अतीमा गड ॥ ४५ ॥

जिनके समीप नगाड़े बजते थे, सिर पर छत्र झूलते थे और चारण जन जिनकी कीर्ति गाते थे (जो ऐसे संपन्न लोग थे), वे भी अंततः कब्रों में जाकर सो गये। अनाथों की तरह वे धरती में गड़े पड़े हैं ॥४५॥

फरीदा कोठे मंडप माड़ीआ उसारेदे भी गए ॥
कूड़ा सउदा करि गए गोरी आइ पए ॥ ४६ ॥

फरीद जी कहते हैं कि मकान, मंडप और बड़े-बड़े भवन बना लेने वाले भी (संसार से) उठ गये। वास्तव में वे संसार में मिथ्या व्यापार करते रहे हैं—अंततः कब्रों में दफना दिये गये ॥४६॥

फरीदा खिंथड़ि मेखा अगलीआ जिंदु न काई मेख ॥
वारी आपो आपणी चले मसाइक सेख ॥ ४७ ॥

फरीद जी कहते हैं कि (परमात्मा ने) शरीर रूपी खिंथा (कफनी) को बनाये रखने के लिए बहुत सी नाड़ियों की सीनें लगायी हुई हैं, किंतु जीव (को शरीर के साथ बनाये) रखने के लिए कोई सीन नहीं। अपनी-अपनी बारी से सब साधक और शेख़ चले जाते हैं। (संसार से उठ जाते हैं) ॥४७॥

फरीदा दुहु दीवी बलम्दिआ मलकु बहिठा आइ ॥
गड़ु लीता घटु लुटिआ दीवड़े गइआ बुझाइ ॥ ४८ ॥

फरीद जी कहते हैं कि दोनों नेत्रों के दीपक जलते रहने पर भी यमराज आकर बैठ गया है। उसने शरीर रूपी किले पर अधिकार करके अंतरात्मा को लूट लिया है। जाते-जाते दोनों दीपक भी बुझा गया है (शरीर प्राणविहीन बना गया है) ॥४८॥

फरीदा वेखु कपाहै जि थीआ जि सिरि थीआ तिलाह ॥
कमादै अरु कागदै कुन्ने कोइलिआह ॥
मंदे अमल करेदिआ एह सजाइ तिनाह ॥ ४६ ॥

फरीद जी कहते हैं कि देखो कपास पर क्या बीती है, तिलों पर भी मुसीबत आयी है और वही दशा गन्ने, कागज़, मिट्टी की हंडिया और कोयलों की भी हुई है (भाव यह कि सबको कष्ट सहना पड़ता है, सब दंड भोगते हैं—कपास बेलने में, तिल कोल्हू में, गन्न और कागज़ भी वहीं डाल-डालकर पिराये जाते हैं; हंडिया और कोयले को नित्य जलना होता है, सबकी एक ही दशा है)। संसार में बुरे कर्म करनेवालों को इसी तरह दंड सहना पड़ता है ॥४९॥

फरीदा कंनि मुसला सूफु गलि दिलि काती गुड़ु वाति ॥
बाहरि दिसै चानणा दिलि अंधिआरी राति ॥ ५० ॥

फरीद जी पाखंडियों का इंगित करते हुए कहते हैं कि उनके कंधे पर चटाई और गले में ऊनी कफनी है। मुँह में गुड़ (अर्थात् मीठा बोलते हैं), किंतु दिल में ईर्ष्या-द्वेष की छुरी है। ऐसे लोग बाहर से तो उजले दिखते हैं, किंतु उनके मन में रात की स्याही भरी रहती है ॥५०॥

फरीदा रती रतु न निकलै जे तनु चीरै कोइ ॥
जो तन रते रब सिउ तिन तनि रतु न होइ ॥ ५१ ॥

फरीद जी कहते हैं कि भगवद्-रत जीवों का शरीर यदि कोई चीरे, तो उसमें से रक्त नहीं मिलेगा, क्योंकि प्रभु के रंग में लीन होने के कारण (उनका रक्त विरहाग्नि में जल जाता है, इसलिए) उनमें रक्त नहीं रह जाता ॥५१॥

॥ मः ३ ॥ इहु तनु सभो रतु है रतु बिनु तंनु न होइ ॥
जो सह रते आपणे तितु तनि लोभु रतु न होइ ॥
भै पइऐ तनु खीणु होइ लोभु रतु विचहु जाइ ॥
जिउ बैसंतरि धातु सुधु होइ तिउ हरि का भउ दुरमति मैलु गवाइ ॥
नानक ते जन सोहणे जि रते हरि रंगु लाइ ॥ ५२ ॥

॥ म० ३॥ (५२वाँ श्लोक, फरीद जी के ५१वें श्लोक पर गुरु अमरदास जी की टिप्पणी है।) वे कहते हैं कि यह शरीर रक्त का ही बना हुआ है, रक्त के बिना शरीर खड़ा नहीं रह सकता। जो अपने प्रभु-प्रियतम के प्रेम में लीन होते हैं, उनमें लोभ रूपी रक्त नहीं होता। परमात्मा के भय में रहने के कारण उनका शरीर क्षीण होता है, लोभ-रक्त निकल जाता है। जिस प्रकार अग्नि में डालने से धातु शुद्ध हो जाती है, वैसे ही हरि का भय दुर्मति रूपी मलिनता साफ कर देता है। गुरु नानक कहते हैं कि वे भक्तजन, जो हरि-रंग में मस्त हैं, सुंदर दीखते हैं ॥५२॥

फरीदा सोई सरवरु ढूढि लहु जिथहु लभी वथु ॥
छपड़ि ढूढै किआ होवै चिकड़ि डुबै हथु ॥ ५३ ॥

फरीद जी कहते हैं कि (सत्संगति रूपी) सरोवर में ढूँढ़ो, वहीं बहुमूल्य रत्न (हरिनाम) हाथ लगेगा। (सांसारिक कुसंगति रूपी) जोहड़ में हाथ बोरने का क्या लाभ? वहाँ तो (लोभ-मोह रूपी) कीचड़ ही हाथ लगेगा ॥५३॥

फरीदा न्नढी कंतु न राविओ वडी थी मुईआसु ॥
धन कूकेंदी गोर में तै सह ना मिलीआसु ॥ ५४ ॥

जिस जीवात्मा-स्त्री ने जवानी में (जब सुअवसर था) प्रभु-पति से रमण नहीं किया और वृद्धावस्था में मर गयी। वह कब्र में भी सदा बिलखती रहेगी कि क्यों वह परमात्मा रूपी प्रियतम से रमण नहीं कर सकी। (अर्थात् उसे कब्र में भी शांति नहीं मिल सकती) ॥५४॥

फरीदा सिरु पलिआ दाड़ी पली मुछाँ भी पलीआँ ॥
रे मन गहिले बावले माणहि किआ रलीआँ ॥ ५५ ॥

शेख़ फरीद जी कहते हैं कि (वृद्धावस्था आ गयी है) सिर, दाढ़ी और मूँछें पक गयी हैं अर्थात् बाल सफेद हो गये हैं। ऐ असावधान, गँवार जीव, क्या तुम अब भी रंगरलियाँ मना रहे हो? (अर्थात् अब तो विषय-वासनाओं का त्याग कर प्रभु में चित्त लगाओ) ॥५५॥

फरीदा कोठे धुकणु केतड़ा पिर नीदड़ी निवारि ॥
जो दिह लधे गाणवे गए विलाड़ि विलाड़ि ॥ ५६ ॥

फरीद जी कहते हैं कि मकान की छत पर कहाँ तक दौड़ा जा सकता है (अर्थात् जीवन मकान की छत की तरह सीमित है), अतः परमात्मा-पति के प्रति (ऐ असावधान स्त्री) अपनी उपेक्षा रूपी नींद का त्याग कर। आयु रूपी जो गिनती के दिन मिले हैं, वे (सांसारिक लीलाओं में) बीतते जा रहे हैं ॥५६॥

फरीदा कोठे मंडप माड़ीआ एतु न लाए चितु ॥
मिटी पई अतोलवी कोइ न होसी मितु ॥ ५७ ॥

हे प्राणी, इन कोठियों, प्रासादों एवं उद्यानों में मन नहीं लगाना चाहिए, (मृत्यूपरांत कब्र में) तुम पर अतुल मिट्टी पड़ेगी, तब कोई तुम्हारा मित्र नहीं होगा ॥५७॥

फरीदा मंडप मालु न लाइ मरग सताणी चिति धरि ॥
साई जाइ समालि जिथै ही तउ वंञणा ॥ ५८ ॥

फरीद जी दुनिया के लोगों को समझाते हुए कहते हैं कि धन-संपत्ति एवं महलों-मंडपों में मन न लगाओ। कष्ट पहुँचाने वाली मृत्यु को सदैव याद रखो और उस जगह (परलोक) को भी याद रखो, जहाँ अंततः सबको जाना है ॥५८॥

फरीदा जिन्ही कंमी नाहि गुण ते कंमड़े विसारि ॥
मतु सरमिंदा थीवही साँई दै दरबारि ॥ ५९ ॥

हे फरीद, जिन कर्मों से जीवात्मा को किसी गुण की प्राप्ति नहीं होती, वे कर्म त्याग दो। ऐसा न हो कि प्रभु के दरबार में तुम्हें उन (निकृष्ट) कर्मों के लिए लज्जित होना पड़े ॥५९॥

फरीदा साहिब की करि चाकरी दिल ही लाहि भराँदि ॥
दरवेसाँ नो लोड़ीऐ रुखाँ दी जीराँदि ॥ ६० ॥

फरीद जी कहते हैं कि परमात्मा रूपी स्वामी की सेवा-सुश्रूषा करो और मन के भ्रमों का निवारण करो। फकीरों को चाहिए कि वे पेड़ों की तरह सहनशील रहें ॥६०॥

फरीदा काले मैडे कपड़े काला मैडा वेसु ॥
गुनही भरिआ मै फिरा लोकु कहै दरवेसु ॥ ६१ ॥

फरीद जी विनम्रता दर्शाते हुए कहते हैं कि मेरे कपड़े काले हैं, मेरा वेष भी काला (पाखंडपूर्ण) है। मैं पापों से भरा फिरता हूँ, फिर भी लोग मुझे दरवेश (साधु) कहते हैं। (अर्थात् मैं तो इस योग्य नहीं कि दरवेश कहला सकूँ) ॥६१॥

तती तोइ न पलवै जे जलि टुबी देइ ॥
फरीदा जो डोहागणि रब दी झूरेदी झूरेइ ॥ ६२ ॥

जिस तरह एक बार जली हुई खेती दोबारा नहीं खिलती, चाहे उसे अत्यधिक पानी में डुबा ही क्यों न दिया जाए, उसी तरह फरीद जी कहते हैं कि परमात्मा से विमुख हुई जीवात्मा-स्त्री सदैव वियोग-दुःख से पीड़ित रहती है। (उसे दोबारा कभी संयोग-सुख नहीं मिलना।) ॥६२॥

जाँ कुआरी ता चाउ वीवाही ताँ मामले ॥
फरीदा एहो पछोताउ वति कुआरी न थीऐ ॥ ६३ ॥

जब तक कन्या कुँआरी होती है, उसके मन में (विवाह का) चाव बना रहता है, मगर विवाहोपरांत सैकड़ों झंझट खड़े हो जाते हैं। फरीद जी

कहते हैं, तब वह पश्चात्ताप करती है (और सोचती है कि) क्या दोबारा कुँआरी कन्या नहीं बन सकती? (भाव यह है कि जीवात्मा को प्रभु-पति से मिलने का प्रबल चाव होता है, किंतु प्रभु के घर में अपेक्षित गुणों के अभाव में उसे आदर-सत्कार नहीं मिलता, तो वह पुनः जीवन प्राप्त कर अपेक्षित गुणों को अर्जित करना चाहती है) ॥६३॥

कलर केरी छपड़ी आइ उलथे हंझ ॥
चिंजू बोड़न्हि ना पीवहि उडण संदी डंझ ॥ ६४ ॥

संसार रूपी खारी जोहड़ के किनारे (संत रूपी) हंस आये हैं, किंतु वे इसके मलिन-खारे पानी में चोंच भी नहीं डुबाते (अर्थात् सांसारिक विषय-वासनाओं से विरक्त रहते हैं)। उनके मन में सदा वहाँ से उड़ जाने की प्रबल इच्छा रहती है। (अर्थात् वे संसार से सत्लोक को चले जाना चाहते हैं) ॥६४॥

हंसु उडरि कोध्रै पइआ लोकु विडारणि जाइ ॥
गहिला लोकु न जाणदा हंसु न कोध्रा खाइ ॥ ६५ ॥

हंस उड़कर कोधरे (एक प्रकार का अन्न) के खेत में जा बैठता है, लोग उसे उड़ाने जाते हैं (अर्थात् संत रूपी हंस संसार में अवतरित होते हैं और संसार की मलिनता में क्रियाशील दीख पड़ते हैं)। फरीद जी कहते हैं, मूर्ख लोग यह नहीं जानते कि हंस कभी कोधरे का अन्न नहीं खाता। (अर्थात् संत संसार के विषय-वासनाओं में नहीं पड़ते) ॥६५॥

चलि चलि गईआँ पंखीआँ जिन्ही वसाए तल ॥
फरीदा सरु भरिआ भी चलसी थके कवल इकल ॥ ६६ ॥

बाबा फरीद कहते हैं कि संसार रूपी सरोवर को जिन पक्षियों ने बसेरा बना रखा था, वे अपनी-अपनी बारी से चले गये हैं (अर्थात् संसार में रहने वाले सब जीवों को चले जाना है)। अंत में यह संसार (सरोवर) भी नष्ट हो जाने वाला है (प्रलय में, इस नाम-रूप वाले संसार का अंत ज्ञानार्जन के बाद स्वयमेव हो जाता है), केवल सरोवर में उत्पन्न (संत रूपी) कमल ही अकेले स्थिर रहेंगे। (सरोवर सूखेगा तो भी वे कीचड़ में कमल बने रहेंगे) ॥६६॥

फरीदा इट सिराणे भुइ सवणु कीड़ा लड़िओ मासि ॥
केतड़िआ जुग वापरे इकतु पइआ पासि ॥ ६७ ॥

ऐ फरीद, (कब्र में लेटे मृत शरीर के) सिरहाने ईंट होगी, धरती का बिछावन होगा और मांस को कीड़े खा रहे होंगे। इस प्रकार कितने ही युग एक ही पार्श्व में पड़े-पड़े (कयामत कि प्रतीक्षा में) बीत जाएँगे ॥६७॥

फरीदा भन्नी घड़ी सवन्नवी टुटी नागर लजु ॥
अजराईलु फरेसता कै घरि नाठी अजु ॥ ६८ ॥

फरीद जी मृत्यु की व्यापकता बताते हुए कहते हैं कि शरीर रूपी सुंदर घट टूट गया है, (श्वासों) की सुष्ठु डोरी टूट गयी है। आज इज़राईल (मौत का फरिश्ता) किसके घर का अतिथि है? (अर्थात् चलो-चलो के इस मेले में आज मृत्यु की संगति कौन करने वाला है?) ॥६८॥

फरीदा भन्नी घड़ी सवन्नवी टूटी नागर लजु ॥
जो सजण भुइ भारु थे से किउ आवहि अजु ॥ ६९ ॥

फरीद जी मृत्यु की व्यापकता पर पुनः बल देते हुए कहते हैं कि शरीर रूपी सुन्दर घट टूट गया है, (श्वासों) की सुष्ठु डोरी टूट गयी है। जो लोग मंदे कर्मों के कारण पहले ही भूमि पर भार होकर रहते थे, भला वे पुनः आज की स्थिति (मनुष्य-जन्म) में क्योंकर आ सकेंगे? ॥६९॥

फरीदा बे निवाजा कुतिआ एह न भली रीति ॥
कब ही चलि न आइआ पंजे वखत मसीति ॥ ७० ॥

फरीद जी नमाज़ न पढ़नेवालों को धिक्कारते हुए कहते हैं कि ऐ बे-नमाज़ी, कुत्ते (पुरुष), यह भली रीति नहीं कि पाँच समय की नमाज़ में तुम कभी भी मस्जिद की ओर चलकर नहीं आते ॥७०॥

उठु फरीदा उजू साजि सुबह निवाज गुजारि ॥
जो सिरु साँई ना निवै सो सिरु कपि उतारि ॥ ७१ ॥

ऐ फरीद, उठो और मुँह-हाथ धोकर प्रातःकालीन नमाज़ पढ़ो। जो सिर अपने स्वामी के सामने नहीं झुकता, उसे काटकर फेंक दो। (फरीद जी यहाँ नमाज़ पढ़ने तथा प्रभु के सम्मुख समर्पित होने की चर्चा करते हैं।) ॥७१॥

जो सिरु साई ना निवै सो सिरु कीजै काँइ ॥
कुन्ने हेठि जलाईऐ बालण संदै थाइ ॥ ७२ ॥

जो सिर स्वामी के सम्मुख नहीं झुकता अभिमानी है, उसका क्या किया जाए? (पुनः स्वयं फरीद जी उत्तर देते हैं) उसे तो ईंधन की जगह हंडिया के नीचे जला देना चाहिए ॥७२॥

फरीदा किथै तैडे मापिआ जिनी तू जणिओहि ॥
तै पासहु ओइ लदि गए तूं अजै न पतीणोहि ॥ ७३ ॥

फरीद जी कहते हैं कि (ध्यानपूर्वक देखो), तुम्हारे माता-पिता कहाँ हैं जिन्होंने तुम्हें जन्म दिया था! वे तुमसे दूर चले गये हैं और तुम्हें अभी भी विश्वास नहीं हुआ। (कि संसार नश्वर है, सबको चले जाना है) ॥७३॥

फरीदा मनु मैदानु करि टोए टिबे लाहि ॥
अगै मूलि न आवसी दोजक संदी भाहि ॥ ७४ ॥

हे प्राणी, मन रूपी धरती के संकल्प-विकल्प रूपी ऊँची-नीची अवस्था को दूर करके उसे समतल कर लो। (ऐसा करने पर मरणोपरांत) तुम्हारे सम्मुख नरकाग्नि बिलकुल नहीं आएगी। (अर्थात् दोज़ख़ से बचोगे) ॥७४॥

॥ महला ५ ॥ फरीदा खालकु खलक महि खलक वसै रब माहि ॥
मंदा किस नो आखीऐ जाँ तिसु बिनु कोई नाहि ॥ ७५ ॥

॥ महला ५॥ (७५वाँ श्लोक फरीद-कथन पर गुरु अर्जुनदेव द्वारा लिखी टिप्पणी है।) ऐ फरीद! सृष्टि परमात्मा में और परमात्मा सृष्टि में बसता है; (परमात्मा सर्व-व्यापक है), उसके बिना अन्य कोई नहीं, तो फिर बुरा किसे कहा जाए? ॥७५॥

फरीदा जि दिहि नाला कपिआ जे गलु कपहि चुख ॥
पवनि न इती मामले सहाँ न इती दुख ॥ ७६ ॥

फरीद जी कहते हैं कि जिस दिन (धाय ने) पोषक नलिका काटी थी (जन्म के समय रक्त-पोशी नाड़ी काट दी जाती है), तभी यदि वह गला भी काट देती, तो न इतने झंझट पड़ते और न ही इतने दुःख सहन करने पड़ते ॥७६॥

चबण चलण रतन्न से सुणीअर बहि गए ॥
हेड़े मुती धाह से जानी चलि गए ॥ ७७ ॥

फरीद जी कहते हैं कि चबाने वाले (दाँत), चलाने वाली (टाँगें), चमकने वाले रत्न (आँखें) तथा सुनने वाले (कान) बेकार हो गये हैं। (इस अवस्था में) शरीर ने ऊँचा पुकारकर कहा कि मेरे तो सब मित्र (काम-क्रोधादि) चले गये हैं ॥७७॥

फरीदा बुरे दा भला करि गुसा मनि न हढाइ ॥
देही रोगु न लगई पलै सभु किछु पाइ ॥ ७८ ॥

फरीद जी कहते हैं कि अपने साथ बुरा करने वाले का भी भला करो, मन में क्रोध न बढ़ाओ। ऐसा करने से शरीर में रोग नहीं लगता और सब पदार्थों की प्राप्ति होती है ॥७८॥

फरीदा पंख पराहुणी दुनी सुहावा बागु ॥
नउबति वजी सुबह सिउ चलण का करि साजु ॥ ७९ ॥

फरीद जी कहते हैं कि यह संसार एक सुहाना बाग है, तथा जीव रूपी पंछी इसमें मेहमान है। जन्म-काल से ही (प्रातः से ही) चलने का नगाड़ा बज रहा है। (चलने की तैयारी कर लो) ॥७९॥

फरीदा राति कथूरी वंडीऐ सुतिआ मिलै न भाउ ॥
जिन्ना नैण नींद्रावले तिन्ना मिलणु कुआउ ॥ ८० ॥

ऐ फरीद, आयु की रात्रि में हरि-भक्ति रूपी कस्तूरी बाँटी जाती है। (मोह-माया में रत होकर) निद्रा-मग्न जीवों को कस्तूरी का भाग नहीं मिल सकता। जिनके नेत्र मोहवश निद्रा के आलस में रहते हैं, उनको (हरि-भक्ति रूपी) कस्तूरी क्योंकर प्राप्त हो सकती है? (अर्थात् ऐसा नहीं हो सकता) ॥८०॥

फरीदा मै जानिआ दुखु मुझ कू दुखु सबाइऐ जगि ॥ ऊचे
चड़ि कै देखिआ ताँ घरि घरि एहा अगि ॥ ८१ ॥

फरीद जी कहते हैं, मैं तो यही समझता था कि केवल मुझे दुःख है, किंतु दुःख तो समस्त संसार में फैला हुआ है। (अपने स्व) से ऊपर उठकर देखने-पर पता चला कि दुःख की अग्नि घर-घर में जल रही है ॥ ८१॥

॥महला ५ ॥ फरीदा भूमि रंगावली मंझि विसूला बाग ॥
जो जन पीरि निवाजिआ तिन्ना अंच न लाग ॥ ८२ ॥

॥ महला ५॥ (यह श्लोक फरीद जी के ८१वें श्लोक पर पाँचवें गुरु अर्जुनदेव की टिप्पणी है।) ऐ फरीद, यह धरती बड़ी सुहानी है, इसमें विषय-वासनाओं के विषैले बगीचे लगे हैं। किंतु जिन सेवकजनों पर गुरु-कृपा होती है, उन्हें संसार के विष में भी कोई आँच नहीं आती। (वे अप्रभावित रहते हैं) ॥८२॥

॥ महला ५ ॥ फरीदा उमर सुहावड़ी संगि सुवन्नड़ी देह
॥ विरले केई पाईअनि् जिन्ना पिआरे नेह ॥ ८३ ॥

॥ महला ५॥ (म0 ५ का श्लोक पूर्व श्लोक को विस्तार देता है।) ऐ फरीद, यह जीवन और सुंदर स्वस्थ शरीर, दोनों बड़े सुहाने हैं (इनके भोग से मुँह नहीं मोड़ना है); किसी विरले को ही यह स्थिति प्राप्त होती है, जिसका अपने प्रभु से प्यार है। (वही जीवन का सुख भोगते हुए भी निर्विकार रह सकते हैं) ॥८३॥

कंधी वहण न ढाहि तउ भी लेखा देवणा ॥
जिधरि रब रजाइ वहणु तिदाऊ गंउ करे ॥ ८४ ॥

फरीद जी दुष्ट-अत्याचारी को संबोधित करते हुए कहते हैं कि ऐ नदिया, अपने किनारों (समीप के लोगों) को न गिरा (हानि न पहुँचा), आख़िर तुम्हें भी आगे हिसाब-किताब देना पड़ेगा। (फिर प्रभु-इच्छा पर समर्पित होते हुए कहते हैं) जिधर प्रभु की इच्छा है, प्रवाह को उधर ही तो बहना है। (बहता रहे) ॥८४॥

फरीदा दुखा सेती दिहु गइआ सूलाँ सेती राति ॥
खड़ा पुकारे पातणी बेड़ा कपर वाति ॥ ८५ ॥

फरीद जी कहते हैं कि दिन दुःखों में और रात्रि शूल चुभने-सी पीड़ा में व्यतीत होती है (अर्थात् जीवन दुःखों में बीत रहा है)। किनारे पर खड़ा गुरु रूपी मल्लाह पुकार रहा है (उपदेश देता है) कि तुम्हारा जीवन-बेड़ा अब भयानक तूफान (विषय-वासनाओं) में फँस गया है। (इसे प्रभु-नाम की भक्ति से बचा लो) ॥८५॥

लम्मी लम्मी नदी वहै कंधी केरै हेति ॥
बेड़े नो कपरु किआ करे जे पातण रहै सुचेति ॥ ८६ ॥

दुःख की बड़ी नदी (गुण रूपी) किनारों को गिरा रही है। तो भी यदि गुरु रूपी मल्लाह सावधान है तो जीवन-बेड़े का कुछ नहीं बिगड़ता। (अभिप्राय यह है कि गुरु के आश्रय में दुःख-भरे संसार में भी जीवन-अवधि शांति से व्यतीत होती है) ॥८६॥

फरीदा गलीं सु सजण वीह इकु ढूंढेदी न लहाँ ॥
धुखाँ जिउ माँलीह कारणि तिन्ना मा पिरी ॥ ८७ ॥

फरीद जी कहते हैं कि बातों से सहानुभूति दिखाने वाले बीसियों सज्जन मिलते हैं, किंतु (वास्तविक मित्र) ढूँढ़ने से भी नहीं मिलता। उन सज्जन-मित्रों (के न मिल सकने) के कारण मैं उपलों के चूर्ण (मालीह) की तरह धधक रहा हूँ। (धीरे-धीरे निरंतर जल रहा हूँ) ॥८७॥

फरीदा इहु तनु भउकणा नित नित दुखीऐ कउणु ॥ कन्नी
बुजे दे रहाँ किती वगै पउणु ॥ ८८ ॥

बाबा फरीद कहते हैं कि यह शरीर अब भौंकने वाला (व्यर्थ की माँगे करने वाला) बन गया है, अतः कौन (इसकी माँगें पूरी करने के लिए) नित्य दुःखी होता रहे? इसीलिए मैंने अब अपने कानों में रोक लगा ली है (विरक्ति), यह कितना भी पुकारे, मैं नहीं सुनता। (निर्विकार रहता हूँ) ॥८८॥

फरीदा रब खजूरी पकीआँ माखिअ नई वहंन्नि ॥
जो जो वंञै डीहड़ा सो उमर हथ पवंनि ॥ ८९ ॥

फरीद जी (परमात्मा की दी हुई नियामतों में मस्त रहने वाले लोगों को संकेत करते हुए) कहते हैं कि (भौतिक पदार्थ आदि) पकी हुई खजूरें या शहद की नदियाँ हैं (मीठी लगने वाली चीज़ें हैं)। किंतु इसमें रत जो-जो दिन बीतता है, वह (मनुष्य को मिली) आयु घटती जा रही है। (यहाँ फरीद जी ने सावधान किया है कि सांसारिक मस्ती में ही उम्र घट रही है; कुछ परमात्मा का नाम लो) ॥८९॥

फरीदा तनु सुका पिंजरु थीआ तलीआँ खूंडहि काग ॥ अजै
सु रबु न बाहुड़िओ देखु बंदे के भाग ॥ ९० ॥

हे फरीद, यह शरीर सूखकर पिंजर हो गया है (साधना करते-करते), अभी भी वासनाओं रूपी कौए पैरों के तलवों में चोंच मारते हैं, किंतु अब तक रक्षक-रूप में (परमात्मा) नहीं आया–मनुष्य का भाग्य ही इतना बुरा है। (अर्थात् कर्मों में न हो तो साधना भी व्यर्थ है) ॥९०॥

कागा करंग ढढोलिआ सगला खाइआ मासु ॥
ए दुइ नैना मति छुहउ पिर देखन की आस ॥ ९१ ॥

फरीद जी प्रभु-प्रतीक्षा और विरहावस्था की चर्चा करते हुए कहते हैं, ऐ कौए, तुमने ढूँढ़-ढूँढ़कर मेरे शरीर का सारा मांस खा लिया है, अब इन दो नेत्रों को मत खाना, मुझे अभी भी अपने प्रिय से मिलने की आशा है ॥९१॥

कागा चूंडि न पिंजरा बसै त उडरि जाहि ॥
जितु पिंजरै मेरा सहु वसै मासु न तिदू खाहि ॥ ६२ ॥

ऐ कौए, मेरे शरीर के पिंजर में चोंचें मत मारो, संभव हो तो यहाँ से उड़ जाओ। जिस पिंजर में मेरा स्वामी परमात्मा बसता है, उसका मांस तुम मत खाओ ॥९२॥

फरीदा गोर निमाणी सडु करे निघरिआ घरि आउ ॥
सरपर मैथै आवणा मरणहु न डरिआहु ॥ ६३ ॥

फरीद जी कहते हैं कि बेचारी कब्र पुकारती है कि बे-घरे (मनुष्य) अपने स्थायी घर (कब्र) में चला आ। अंततः तो मेरे पास ही आना है, मरने से क्यों डरता है? ॥९३॥

एनी लोइणी देखदिआ केती चलि गई ॥
फरीदा लोकाँ आपो आपणी मै आपणी पई ॥ ६४ ॥

इन आँखों के देखते-देखते कितनी ही सृष्टि नष्ट हो गयी! सब लोगों को अपनी-अपनी पड़ी है, फरीद जी कहते हैं, ऐसे में मुझे अपनी पड़ी है (फरीद संत हैं; 'अपनी पड़ी है' से उनका संकेत आध्यात्मिक प्राप्तियों की ओर है) ॥९४॥

आपु सवारहि मै मिलहि मै मिलिआ सुखु होइ ॥
फरीदा जे तूं मेरा होइ रहहि सभु जगु तेरा होइ ॥ ९५ ॥

परमात्मा की ओर से संबोधन करते हैं, ऐ फरीद, यदि तुम अपने को सुधार लो तो मुझे मिल सकोगे, मुझे मिलने पर तुम्हें सुख होगा। यदि तुम मेरे ही बन जाओ (अर्थात् परमात्मा में ही विलीन हो जाओ), तो सारा संसार तुम्हारा हो जाएगा ॥९५॥

कंधी उतै रुखड़ा किचरकु बन्नै धीरु ॥
फरीदा कचै भाँडै रखीऐ किचरु ताई नीरु ॥ ९६ ॥

फरीद जी कहते हैं कि नदी किनारे का पेड़ कब तक धीर धरेगा (अर्थात् कब तक खड़ा रह सकेगा?) इसी प्रकार मिट्टी के कच्चे बर्तन में कब तक जल संग्रह किया जा सकता है? (शरीर=जीवन की ओर संकेत है—कब किनारे के पेड़ या कच्ची मिट्टी के घड़े की तरह टूट जाए, कौन जानता है?) ॥९६॥

फरीदा महल निसखण रहि गए वासा आइआ तलि ॥
गोराँ से निमाणीआ बहसनि रूहाँ मलि ॥
आखीं सेखा बंदगी चलणु अजु कि कलि ॥ ९७ ॥

(मृत्यु के कारण) महल सूने हो गए, (उनमें रहने वालों को) धरती के नीचे कब्रों में स्थान मिला। उन बेचारी कब्रों में अब आत्माएँ रहने लगी हैं। ऐ शेख़ फरीद, (इस स्थिति को देखकर) तुम प्रभु की आराधना करो, क्योंकि तुम्हें भी तो आज या कल अब चलना है। (मृत्यु तुम पर भी आनी है) ॥९७॥

फरीदा मउतै दा बन्ना एवै दिसै जिउ दरीआवै ढाहा ॥
अगै दोजकु तपिआ सुणीऐ हूल पवै काहाहा ॥
इकना नो सभ सोझी आई इकि फिरदे वेपरवाहा ॥
अमल जि कीतिआ दुनी विचि से दरगह ओगाहा ॥ ९८ ॥

फरीद जी कहते हैं कि मृत्यु का बाँध ऐसा है जैसे नदी का कटा हुआ किनारा (जो कभी भी नदी में गिर सकता है)। (विषय-विकारों में पड़े जीवों के लिए आगे) नरक की तप्त अग्नि है, जिसमें पापियों का हाहाकार सुनाई देता है। कुछ लोगों को इस तथ्य का ज्ञान हुआ है, कुछ अभी भी बे-परवाह फिरते हैं। (वास्तव में) संसार में किये गये कर्म ही परमात्मा के दरबार में साक्षी बनते हैं ॥९८॥

फरीदा दरीआवै कन्नै बगुला बैठा केल करे ॥
केल करेदे हंझ नो अचिंते बाज पए ॥
बाज पए तिसु रब दे केलाँ विसरीआँ ॥
जो मनि चिति न चेते सनि सो गाली रब कीआँ ॥ ९९ ॥

नदी किनारे बैठे बगले की तरह (मनुष्य संसार में) क्रीड़ा करता है। उस क्रीड़ा करते हुए हंस को अचानक मौत रूपी सचान दबोच लेता है। जब प्रभु-इच्छा से मौत का बाज़ झपटता है, तो सब लीलाएँ भूल जाती हैं। परमात्मा का व्यवहार कुछ ऐसा ही है कि जो कुछ मनुष्य के ध्यान में नहीं होता, अकस्मात् वही हो जाता है ॥९९॥

साढे त्रै मण देहुरी चलै पाणी अंनि ॥
आइओ बंदा दुनी विचि वति आसूणी बंन्हि ॥
मलकल मउत जाँ आवसी सभ दरवाजे भंनि ॥
तिन्हा पिआरिआ भाईआँ अगै दिता बंन्हि ॥
वेखहु बंदा चलिआ चहु जणिआ दै कंन्हि ॥
फरीदा अमल जि कीते दुनी विचि दरगह आए कंमि ॥ १०० ॥

साढ़े तीन मन (पुराना तोल) का यह मनुष्य-शरीर अन्न-पानी से चलता है। मनुष्य दुनिया में अनेक प्रकार की आशाओं को लेकर आता है, (किंतु आशाएँ पूरी होने से पूर्व ही) यमराज सब द्वार तोड़ कर आ जाता है और मनुष्य के भाई-बंधु ही उसे आगे भेजने को अरथी पर बाँध देते हैं। फरीद जी कहते हैं, देखो वह मनुष्य चार साथियों के कंधों पर जा रहा है (कब्र में दफनाया जाने के लिए)। जो कर्म संसार में उसने किये हैं, वे ही परमात्मा के दरबार में काम आएँगे ॥१००॥

फरीदा हउ बलिहारी तिन्ह पंखीआ जंगलि जिन्हा वासु ॥
ककरु चुगनि थलि वसनि रब न छोडनि पासु ॥ १०१ ॥

ऐ फरीद, मैं उन पक्षियों पर कुर्बान हूँ, जो जंगलों में रहते हैं, मरुस्थलों में रहकर चाहे कंकर चुगते हैं, फिर भी परमात्मा का आश्रय नहीं छोड़ते। (अर्थात् परमात्मा के सहारे रहनेवाले को कोई अभाव नहीं खलता) ॥१०१॥

फरीदा रुति फिरी वणु कंबिआ पत झड़े झड़ि पाहि ॥
चारे कुंडा ढूंढीआँ रहणु किथाऊ नाहि ॥ १०२ ॥

फरीद जी मनुष्य-जीवन के संबंध में कहते हैं कि आयु रूपी ऋतु में परिवर्तन आ गया है, शरीर रूपी पेड़ काँपने लगा है तथा केश रूपी पत्ते गिरने लगे हैं। मैंने चारों ओर खोजकर देख लिया है, कहीं भी स्थायी तौर से नहीं रहा जा सकता। (संसार नश्वर है) ॥१०२॥

फरीदा पाड़ि पटोला धज करी कंबलड़ी पहिरेउ ॥
जिनी वेसी सहु मिलै सेई वेस करेउ ॥ १०३ ॥

फरीद जी कहते हैं कि मैं रेशमी कपड़े को फाड़कर धज्जियाँ कर दूँ और उसकी जगह कफनी पहन लूँ। मैं प्रत्येक वह वेष बनाने को तैयार हूँ, जिसमें परमात्मा के मिलने की संभावना हो ॥१०३॥

॥ मः ३ ॥ काइ पटोला पाड़ती कंबलड़ी पहिरेइ ॥
नानक घर ही बैठिआ सहु मिलै जे नीअति रासि करेइ ॥ १०४ ॥

॥ म0 ३॥ (यह श्लोक १०३ की टिप्पणी है।) ऐ सखी, रेशमी वस्त्र को फाड़कर धज्जियाँ करने की क्या ज़रूरत है, कफनी भी क्यों पहनती हो? गुरु नानक कहते हैं कि यदि मन पवित्र है, तो घर बैठे ही प्रभु रूपी पति-प्रियतम आन मिलते हैं ॥१०४॥

॥ मः ५ ॥ फरीदा गरबु जिना वडिआईआ धनि जोबनि आगाह ॥
खाली चले धणी सिउ टिबे जिउ मीहाहु ॥ १०५ ॥

॥ म0 ५॥ (१०५वाँ श्लोक म0 ५ का है, गुरु जी की टिप्पणी है।) ऐ फरीद, प्रतिष्ठा, धन, यौवन आदि के गर्वीले प्रभु-पतिविहीन ही संसार से चले जाते हैं, जिस प्रकार अति-वृष्टि में भी टीले पानी भरने से वंचित रहते हैं। (पानी टीलों पर नहीं रुकता, इधर-उधर बह जाता है।) ॥१०५॥

फरीदा तिना मुख डरावणे जिना विसारिओनु नाउ ॥
ऐथै दुख घणेरिआ अगै ठउर न ठाउ ॥ १०६ ॥

फरीद जी कहते हैं कि जो जीव हरि-नाम को भुला देते हैं, उनके मुँह भयानक हैं (अर्थात् वे मुँह लगने योग्य नहीं)। वे इस लोक में दुःख सहन करते हैं, उन्हें परलोक में भी ठौर-ठिकाना नहीं मिलता ॥१०६॥

फरीदा पिछल राति न जागिओहि जीवदड़ो मुइओहि ॥
जे तै रबु विसारिआ त रबि न विसरिओहि ॥ १०७ ॥

ऐ मनुष्य, यदि प्रभात वेला में जगकर (तुमने प्रभु-भक्ति नहीं की, तो) तुम जीते-जी मृत व्यक्ति के समान हो। (याद रखो) तुमने तो परमात्मा को भुला दिया है, परमात्मा ने तुम्हें नहीं भुलाया। (वह तुम्हारे कर्मों को बराबर देख रहा है) ॥१०७॥

॥ मः ५ ॥ फरीदा कंतु रंगावला वडा वेमुहताजु ॥
अलह सेती रतिआ एहु सचावाँ साजु ॥ १०८ ॥

॥ म0 ५॥ (आगे १०८ से १११ श्लोक तक म0 ५ के श्लोक हैं, जिनमें फरीद जी के १०७वें श्लोक पर टिप्पणी की गयी है।) बाबा फरीद को गुरु अर्जुन संबोधित करते हैं, ऐ शेख़ फरीद, परमात्मा रूपी पति बड़ा रसिक और स्वाश्रित है। (उसकी प्राप्ति के लिए) वास्तविक शृंगार परमात्मा में ही प्रेमपूर्वक लीन हो जाना है ॥१०८॥

॥ मः ५ ॥ फरीदा दुखु सुखु इकु करि दिल ते लाहि विकारु ॥
अलह भावै सो भला ताँ लभी दरबारु ॥ १०६ ॥

॥ म० ५॥ ऐ फरीद, सुख-दुःख को समान समझकर मन से विकारों को दूर कर दो। परमात्मा की इच्छा ही सर्वोपरि मान लेने से तुम्हें प्रभु-दरबार में सम्मान मिल सकता है ॥१०९॥

॥मः ५॥ फरीदा दुनी वजाई वजदी तूं भी वजहि नालि ॥
सोई जीउ न वजदा जिसु अलहु करदा सार ॥ ११० ॥

॥ म० ५॥ ऐ फरीद, यह संसार (माया का) बजाया बजता है, तुम भी इसी के संग बजते (चलते) हो। किंतु जिसे परमात्मा का संरक्षण प्राप्त होता है, वह सच्चा जीव (माया से) अप्रभावित रहता है ॥११०॥

॥ मः ५ ॥ फरीदा दिलु रता इसु दुनी सिउ दुनी न कितै कंमि ॥
मिसल फकीराँ गाखड़ी सु पाईऐ पूर करंमि ॥ १११ ॥

॥ म० ५॥ ऐ फरीद, (जीव का) हृदय दुनिया-धंधों में लिप्त है, किंतु यह दुनिया (आध्यात्मिक दृष्टि से) किसी काम की नहीं। फकीरों या साधकों वाला जीवन बड़ा कठिन है। वह उच्च कर्मों के परिणाम-स्वरूप प्राप्त होता है ॥१११॥

पहिलै पहरै फुलड़ा फलु भी पछा राति ॥
जो जागंन्हि लहंनि से साई कन्नो दाति ॥ ११२ ॥

फरीद जी कहते हैं कि रात्रि के प्रथम प्रहर में की गयी प्रार्थना फूल के समान है और रात्रि के अंतिम प्रहर (प्रभात वेला) में की गयी बंदगी फल के समान है। जो साधक उस समय जागते हैं, वे ही परमात्मा से वह प्राप्ति करते हैं ॥११२॥

दाती साहिब संदीआ किआ चलै तिसु नालि ॥
इकि जागंदे ना लहनि इकना सुतिआ देइ उठालि ॥ ११३ ॥

(११३वाँ श्लोक गुरु नानक द्वारा रचा हुआ है। फरीद जी के ११२वें श्लोक के भाव को स्पष्ट करने के लिए दिया गया है–पहले भी गुरुग्रंथ साहिब के पृ० ८३ पर आ चुका है।) समस्त उपलब्धियाँ परमात्मा की अपनी हैं, उन पर किसी का कोई अंकुश नहीं (जिसे चाहे देता है); कुछ ऐसे जीव हैं, जो जागकर भी प्रभु की देन को नहीं पा सकते और कुछ जीवों को वह स्वयं जगाकर देता है। (विषयों में रत जीवों को भी कभी स्वेच्छा से वह बदल डालता है) ॥११३॥

ढूढेदीए सुहाग कू तउ तनि काई कोर ॥
जिना नाउ सुहागणी तिना झाक न होर ॥ ११४ ॥

परमात्मा रूपी सुहाग की खोज करने वाली (जीवात्मा-स्त्री), शायद तुम्हारे में कोई अभाव है (जो अभी तक तुम्हें प्रभु-पति नहीं मिला)। सच्ची सुहागिनों को तो कभी किसी दूसरे की (परमात्मा से इतर) टेक होती ही नहीं। (अर्थात् वे तन-मन-प्राण से प्रभु-पति पर समर्पित होती हैं।) ॥११४॥

सबर मंझ कमाण ए सबरु का नीहणो ॥
सबर संदा बाणु खालकु खता न करी ॥ ११५ ॥

फरीद जी कहते हैं कि यदि मन में संतोष (सब्र) की कमान हो, उस पर संतोष का चिल्ला चढ़ाया गया हो और संतोष का ही तीर उस पर रखा जाए, तो परमात्मा उस तीर को निशाने से चूकने नहीं देता ॥११५॥

सबर अंदरि साबरी तनु एवै जालेन्हि ॥
होनि नजीकि खुदाइ दै भेतु न किसै देनि ॥ ११६ ॥

संतोषी जीव संतोष में रहकर तन जलाते हैं (साधना करते हैं)। (क्योंकि) जो जीव प्रभु का सामीप्य पा लेते हैं, वे अपना भेद किसी को नहीं बताते ॥११६॥

सबरु एहु सुआउ जे तूं बंदा दिड़ु करहि ॥
वधि थीवहि दरीआउ टुटि न थीवहि वाहड़ा ॥ ११७ ॥

(पूर्व श्लोक पर बल देते हुए) बाबा फरीद कहते हैं, संतोष का यही स्वभाव है। हे प्राणी, यदि तुम इसे हृदय में धारण करोगे, तो श्रेष्ठता की नदी बन जाओगे; उससे विलग होकर कभी तुच्छ नाली नहीं बनोगे ॥११७॥

फरीदा दरवेसी गाखड़ी चोपड़ी परीति ॥
इकनि किनै चालीऐ दरवेसावी रीति ॥ ११८ ॥

ऐ फरीद, साधना बड़ी कठिन है, मनुष्य की प्रीति चुपड़ी हुई (आडंबरयुक्त) है (इसीलिए वह जीव शीघ्र ही परमात्मा को नहीं पा सकता)। कोई विरला जीव ही दरवेशी-मार्ग पर (सही साधना-पथ पर) चल सकता है ॥११८॥

तनु तपै तनूर जिउ बालणु हड बलम्नि ॥
पैरी थकाँ सिरि जुलाँ जे मूं पिरी मिलम्नि ॥ ११९ ॥

यदि मुझे परमात्मा रूपी पति मिले तो मैं अपने शरीर को तंदूर की तरह तपाऊँ, हड्डियों का ईंधन बना दूँ; पाँव चलते हुए थके तो सिर के बल चलूँ। (अभिप्राय यह कि परमात्मा को पाने के लिए जो भी करना हो, मैं करने को तत्पर हूँ) ॥११९॥

तनु न तपाइ तनूर जिउ बालणु हड न बालि ॥
सिरि पैरी किआ फेड़िआ अंदरि पिरी निहालि ॥ १२० ॥

(१२०वाँ श्लोक गुरु नानकदेव की फरीद के पूर्व श्लोक पर टिप्पणी है।) ऐ फरीद, शरीर को तंदूर की तरह तपाने एवं हड्डियों का ईंधन करने का कोई लाभ नहीं (ऐसा न करो)। सिर-पैरों ने क्या बिगाड़ा है (जो इन्हें दंडित करना चाहते हो), परमात्मा तो तुम्हारे भीतर है, उसे वहीं देखो ॥१२०॥

हउ ढूढेदी सजणा सजणु मैडे नालि ॥
नानक अलखु न लखीऐ गुरमुखि देइ दिखालि ॥ १२१ ॥

(१२१वाँ श्लोक गुरु रामदास का है। आदिग्रंथ के पृ० १३१८ पर आ चुका है।) गुरु नानक कहते हैं कि मैं (जीव-स्त्री) प्रभु-पति को बाहर खोज रही हूँ, किंतु मेरा साजन तो मेरे साथ ही है। परमात्मा स्वयं अदृश्य है (सामान्यतः उसे देखा नहीं जा सकता) कोई गुरुमुख व्यक्ति (गुरु) ही उसे दिखला सकता है। (उससे भेंट करवा सकता है) ॥१२१॥

हंसा देखि तरंदिआ बगा आइआ चाउ ॥
डुबि मुए बग बपुड़े सिरु तलि उपरि पाउ ॥ १२२ ॥

(१२२वाँ श्लोक गुरु अमरदास का है, आदिग्रंथ पृ० ५८५ पर आ चुका है।) गुरु नानक कहते हैं कि हंसों को तैरता देखकर बगुलों को भी तैरने का चाव हुआ, किंतु बेचारे बगुले डूब मरे—उनका सिर नीचे और पैर ऊपर हो गए। [तात्पर्य यह कि (हंस रूपी) संतों को संसार-सागर में तैरता देखकर (बगुले रूपी) विषयी जनों को भी तैरने की सूझी है। किंतु वे माया-मोह के भँवरों में फँसकर डूब गये।] ॥१२२॥

मै जाणिआ वड हंसु है ताँ मै कीता संगु ॥
जे जाणा बगु बपुड़ा जनमि न भेड़ी अंगु ॥ १२३ ॥

(१२३वाँ श्लोक भी आदिग्रंथ के पृ० ५८५ पर दिया गया है और गुरु अमरदास जी का है।) गुरु नानक कहते हैं कि मैंने उसे श्रेष्ठ साधक रूपी हंस माना है, तभी तो उसकी संगति की, यदि मुझे पता होता कि वह दंभी बगला है, तो कभी उसे अंग भी स्पर्श न करने देता। (अर्थात् दंभी-पाखंडी जनों से बचने का संकेत है) ॥१२३॥

किआ हंसु किआ बगुला जा कउ नदरि धरे ॥
जे तिसु भावै नानका कागहु हंसु करे ॥ १२४ ॥

(१२४वाँ श्लोक गुरु नानकदेव का है, आदिग्रंथ पृ० ९१ पर आ चुका है।) गुरु नानक कहते हैं कि हंस और बगले की बात परमात्मा के लिए कुछ भी नहीं (अर्थात् उसके लिए ऊँचा-नीचा व्यक्ति कोई नहीं)। जिस पर उसकी कृपा-दृष्टि उठ जाती है (वही उच्च होता है)। उसकी इच्छा हो तो वह कौवे को हंस बना देता है ॥१२४॥

सरवर पंखी हेकड़ो फाहीवाल पचास ॥
इहु तनु लहरी गडु थिआ सचे तेरी आस ॥ १२५ ॥

बाबा फरीद कहते हैं कि (संसार रूपी) सरोवर में (जीव रूपी) पक्षी अकेला पड़ गया है, इसे फँसाने वाले (विषय-विकारमयी वृत्तियाँ) पचासों हैं। शरीर (संकल्पों की) लहरों में फँसा है। (इससे बचने के लिए) अब सत्य स्वरूप परमात्मा का ही आश्रय है ॥१२५॥

कवणु सु अखरु कवणु गुणु कवणु सु मणीआ मंतु ॥ कवणु
सु वेसो हउ करी जितु वसि आवै कंतु ॥ १२६ ॥

जीवात्मा-स्त्री की ओर से फरीद जी कहते हैं, वह कौन-सा शब्द है, कैसा गुण है, कौन-सा ऐसा मंत्र या वेष है, (जिसके क्रमशः पुकारने, अर्जित करने, जपने या बनाने से) मेरा प्रभु-पति मेरे वश हो सकता है? (अर्थात् जीवात्मा प्रभु-पति को पाने के लिए कुछ भी करने को तत्पर है) ॥१२६॥

निवणु सु अखरु खवणु गुणु जिहबा मणीआ मंतु ॥
ए त्रै भैणे वेस करि ताँ वसि आवी कंतु ॥ १२७ ॥

(उत्तर है–) ऐ बहन, यदि नम्रता का शब्द पुकारो, क्षमा का गुण अर्जित करो, मधुर वचन रूपी मंत्रों का उच्चारण करो, ये तीनों वेष बना लेने से परमात्मा रूपी पति वश में आ सकता है ॥१२७॥

मति होदी होइ इआणा ॥ ताण होदे होइ निताणा ॥
अणहोदे आपु वंडाए ॥ को ऐसा भगतु सदाए ॥ १२८ ॥

बाबा फरीद भक्त के लक्षण बताते हुए कहते हैं कि जो व्यक्ति बुद्धि होते हुए भी अपने को बुद्धिहीन मानता है, बल रहते भी अपने को निर्बल बताता है अपने भाग की वस्तु दूसरों में (ज़रूरतमंदों में) बाँट देता है; कोई ऐसा ही व्यक्ति भक्त कहलाने का अधिकारी है। (अर्थात् वह निर्विकार होता है) ॥१२८॥

इकु फिका न गालाइ सभना मै सचा धणी ॥
हिआउ न कैही ठाहि माणक सभ अमोलवे ॥ १२६ ॥

बाबा फरीद कहते हैं कि किसी को भी फीका वचन (कटु वचन) न बोलो, क्योंकि सब में सत्य स्वरूप प्रभु (स्वामी) विद्यमान है। किसी के हृदय को दु:खी न करो, क्योंकि प्रत्येक जीव एक बहुमूल्य रत्न है ॥१२९॥

सभना मन माणिक ठाहणु मूलि मचाँगवा ॥
जे तउ पिरीआ दी सिक हिआउ न ठाहे कही दा ॥ १३० ॥

हे प्राणी, सबका हृदय माणिक्य-समान है, अत: किसी के मन को दु:खाना अच्छा नहीं। यदि तुम परमात्मा-पति को मिलना चाहते हो तो कभी किसी का दिल न दु:खाओ ॥१३०॥